高校体育教学与体育竞赛活动研究

GAOXIAO TIYU JIAOXUE YU TIYU JINGSAI HUODONG YANJIU

张艳 ◎ 著

北京工业大学出版社

图书在版编目(CIP)数据

高校体育教学与体育竞赛活动研究 / 张艳著. —北京：北京工业大学出版社，2018.12（2021.5 重印）
ISBN 978-7-5639-6570-0

Ⅰ.①高　Ⅱ.①张　Ⅲ.①体育教学－教学研究－高等学校 ②学校体育－运动竞赛－教学研究－高等学校　Ⅳ.① G807.4

中国版本图书馆 CIP 数据核字（2019）第 022570 号

高校体育教学与体育竞赛活动研究

著　　者：张　艳
责任编辑：安瑞卿
封面设计：腾博传媒
出版发行：北京工业大学出版社
　　　　　（北京市朝阳区平乐园 100 号　邮编 100124）
　　　　　010－67391722（传真）　bgdcbs@sina.com
经销单位：全国各地新华书店
承印单位：三河市明华印务有限公司
开　　本：787 毫米 ×1092 毫米　　1/16
印　　张：9.75
字　　数：200 千字
版　　次：2018 年 12 月第 1 版
印　　次：2021 年 5 月第 2 次印刷
标准书号：ISBN 978-7-5639-6570-0
定　　价：48.00 元

版权所有　翻印必究
（如发现印装质量问题，请寄本社发行部调换 010－67391106）

前　言

随着国家对人才素质教育的重视，作为素质教育重要组成部分的高校体育教育逐渐引发社会的广泛关注。高校体育教育在增强大学生体质，促进大学生身心健康发展，培养大学生良好的个性品质等方面发挥着重要的作用。高校学生体育竞赛活动是高校体育工作的重要内容，是高校体育教学的拓展与补充。为适应当前社会对人才素质的要求，全面实施素质教育，高校体育教学要针对以往存在的"以运动技术为中心"的现象，立足改革，勇于创新，推动我国高校体育教学改革。高校体育教学改革有利于促进建立新的教学理论体系，促进体育教师更新观念，并通过素质教育培养大学生独立思考、勇于探索、不断创新的能力，从而引导大学生形成正确的体育价值观。

本书首先梳理了我国高校体育课程的发展现状，并对高校体育教学改革、教学目标、教学模式进行了研究；然后简要概述了体育竞赛活动的相关内容；最后就提高体育竞赛活动的可观赏性和体育竞赛活动中观众的研究进行简要分析，以提高体育竞赛的组织水平。

本书共七章约 20 万字，由齐鲁师范学院张艳撰写。虽然作者撰写本书经过长时间的酝酿和总结，但由于作者水平有限，书中难免有不当和疏漏之处，恳请广大读者批评指正。

作　者

2018 年 5 月

目 录

第一章 高校体育课程的发展现状 … 1
第一节 高校体育课程的发展经验 … 2
第二节 高校体育课程发展中的问题 … 10
第三节 高校体育课程发展的策略 … 13

第二章 "理解教学"视角下的高校体育教学改革 … 26
第一节 "理解教学"理论研究 … 27
第二节 高校体育教学的理论思考 … 33
第三节 "理解教学"教育观对大学体育教学改革的启示 … 39

第三章 基于古德莱德课程理论的高校体育教学目标研究 … 50
第一节 高校体育课程目标的研究现状 … 51
第二节 古德莱德的课程理论和新课程纲要的五个目标领域 … 54
第三节 高校体育教学目标制订的要求 … 60

第四章 高校体育快乐教学模式研究 … 63
第一节 高校体育快乐教学相关研究 … 63
第二节 高校体育教学模式的构建 … 70

第五章 体育竞赛活动概述 … 76
第一节 体育竞赛活动内涵 … 76
第二节 体育竞赛活动的目的和组织原则 … 89
第三节 体育竞赛活动的内容和形式 … 92
第四节 体育竞赛活动的条件和终止方式 … 101

第六章 体育竞赛活动可观赏性研究 ························· 110
　　第一节　体育比赛美学价值概述 ····························· 110
　　第二节　体育竞赛活动可观赏性的提高方法 ················· 116

第七章 体育竞赛活动中观众的研究 ··························· 130
　　第一节　体育竞赛活动中观众的特点和作用 ················· 130
　　第二节　体育竞赛活动中吸引观众的方法 ··················· 136

参考文献 ··· 148

第一章　高校体育课程的发展现状

为了适应 21 世纪对人才培养的要求，我国进行深化教育改革，全面推进素质教育。在全面实施素质教育的过程中，必须紧紧抓住核心问题和关键环节，采取有力措施，才能取得突破性的进展，而课程改革就是全面实施素质教育的核心问题和关键环节。高等教育是学校教育的重要阶段，是中小学基础教育继续化阶段，虽然近些年来随着我国教育改革不断深化，高校体育得到发展，但仍然存在着诸多需要解决的问题，尤其是体育课程方面的问题更为明显。教育部 2002 年颁布了《全国普通高校体育课程教学指导纲要》，新一轮高校体育课程改革全面铺开。在体育课程改革大背景下，回顾我国高校体育课程的发展变化，并对这段时间高校体育课程发展特点进行深入剖析，总结经验，找出问题，为新一轮课程改革提出建议，正是当前高校体育课程发展研究所面临的课题和关注焦点。因此，对我国高校体育课程的发展进行深入、系统的研究，以寻找解决我国高校体育课程问题的策略就显得尤为重要。

从以往的研究来看，我国对高校体育课程发展的研究主要有以下几方面。一是与高校体育课程目标相关的体育思想的研究。研究者认为，随着社会的发展，高校体育课程的价值取向由机体活动能力的发展价值观到身体、心理的发展价值观，由身体、心理的发展价值观到身体、心理、思想品德的发展价值观，由身体、心理、思想品德的发展价值观到身体、心理、思想道德和文化素质的发展价值观，应该说是逐步演化进步的。随着人们思想认识的深化，高校体育的内容和形式也在逐渐走向多样化，"健康第一"和"终身体育"在学校教育中占据重要位置。二是关于高校体育课程的其他方面的研究。研究者认为在课程目标体系方面：高校体育课程对学生德育、体育、智育、美育等方面具有全面促进功能，课程目标应是一个多元化的目标体系。其表现在高校体育课程不仅是情感教育（品德、意志、态度）的有效情境，也是身体锻炼（体格、体能）的有效手段，还是智育教育（认知、记忆、反应）的主要途径以及美育教育（协调、节奏）的重要方式等方面，通过各种运动方式可以使学生磨炼意志品质、树立道德风尚、养成文明行为（道德素质）；丰富感知表象、增强反应能力、形成个性品质（智力素质）；认知身体美感、感受韵律美感、体验节奏美感（审美素质）；增强体质体能、丰富情感体验、提高适应能力（身体素质）；加强人际互动、调整人际关系，形成鲜明个性，促进学生个体社会化。因此，高校体育课程的目标决不仅是实现"健康"这一单一的目标，还应通过体育课程学习实现培养全面发展人才的目标。其中，学生体格、体能是高校体育课程短期实现的显现目标，学生品德、智力、美感等全面发展是高校体育课程要长期实现的潜在目标。课程内容方面：我国体育教材考虑大、中、小学段的相互衔接，同一教学内容充斥在大、中、小学的体育课上，这种课程内容的重复严重降低学生学习的兴趣和积极性。学生在经过十几年的体育课程学习以后，不但没有掌握与健康有关的体育知识、提高体育技能而且逐渐远离体育。课程实施方面：随着信息化时代的到来，许多高科技成果直接引入学校教学领域，多媒体就是其中之一，根据高校体育教学的特点，多媒体技术以其自身所拥有的生动性、趣味性、直观性、高效性、交互性以及对信息容纳的兼容性和全面性的特征，对高校的体育教学提供了直观、高效、交互式的辅助教学，并主张利用多媒体优化高校体育教学。课程评价体系方面：当今高校体育课程是一门以锻炼身体为基本手段，以增进学生健康为主要目标的课程。它与传统的体育课程有明显的不同，即体育知识和技能与健康知识和方法的紧密结合，把学习体育技能和身体锻炼作为增进健康的手段，把有利于身心健康发展的内容及行为结合到教学之中。因此，高校体育课程的目标体系应包含三方面内容，即运动目标、健康目标和行为目标。因而，课程评价应围绕这三方面构建评价体系框架。

上述研究虽然涉及和研究了我国高校体育课程的一些问题，但大多比较零散，对改革开放以来我国高校体育课程的发展状况还缺少深入、系统地研究。针对这一状况，作者就改革开放以来我国高校体育课程发展中的经验、问题及进一步发展的策略进行了比较全面和深入地探讨，以丰富高校体育课程理论，并为大学课程改革提供合理建议。

第一节 高校体育课程的发展经验

十一届三中全会的召开，标志着社会主义建设事业进入改革发展的时期。高校体育也逐步走上科学化、制度化、规范化的轨道。十一届三中全会到 21 世纪初，我国政治、经济、科技的改革和发展，不断为教育改革和发展提出了新的要求，同时也为教育改革提供了良好的机遇和强大的动力。由于受社会历史原因影响，20 世纪 80 年代初，我国高校体育课程形式单一、枯燥，没有形成一个受学生欢迎的高校体育课程体系。到 20 世纪 80 年代中后期，随着我国政治体制的进一步完善、经济体制由计划经济向市场经济转轨以及科技体制改革的不断深化，加快了教育改革的步伐。特别是进入 21 世纪，2002 年教育部颁布了《全国普通高等学校体育课程教学指导纲要》，该纲要提出了课程的新理念、新目标。对高校体育课程指导思想、培养目标、教学方法以及课程评价等方面，进行了重大改革，体现了与时俱进，张扬个性发展和建立新型师生观等特征，对深化高校体育改革，全面推进素质教育，具有十分重要的指导意义。课程改革是整个学校教育的核心内容，教育改革的深入对课程改革产生了积极的影响。课程的改革和发展以一定的课程理论为依据，同时课程实践的发展也为课程理论提出了新的研究课题。

一、1978—1985 年我国高校体育课程的发展经验

党的十一届三中全会确定了以经济建设为中心的社会主义建设基本路线，对外开放并借鉴世界各国教育发展的有益经验，推动我国教育改革和发展进入了一个新的时期。这一时期，在十一届三中全会精神指引下，教育战线进一步解放思想，端正思想路线，使教育事业得到了全面恢复、调整和整顿。1978 年教育部组织编写并颁布了继 1957 年、1961 年之后的第三个《高等学校普通体育课教学大纲》，试图尽快使高校体育教学走上正轨。大纲颁布的第二年，教育部、国家体委、卫计委、共青团中央在江苏省扬州市联合召开全国学校体育、卫生工作经验交流会，并强调"锻炼身体，增强体质"是学校体育的首要任务。同年教育部、国家体委联合颁布了《高等学校体育工作暂行规定（试行草案）》，并指出高校体育工作的基本任务是："指导学生锻炼身体，增强体质，使学生掌握体育的基本理论知识和运动技能，学会科学锻炼身体的方法，养成经常锻炼的习惯，逐步提高运动技术水平；向学生进行共产主义思想、品德教育，树立良好的体育道德风尚。要贯彻普及与提高相结合的方针，要面向全体学生。"同时还对高校体育课教学和研究、课外体育活动、场地、器材、师资及体育工作的组织领导等提出了要求。

（一）确立了"增强体质"的指导思想

改革开放之前，我国高校体育教育以苏联的学校体育教育思想为指导理论。这一理论以马克思、列宁主义哲学思想为基础，以巴甫洛夫高级神经学说为自然科学基础，依据凯洛夫的教育学原理，强调体育教育的阶级性、工具性、统一性；重视知识传授和运动技术、技巧的形成；强调共产主义思想品德教育；主张学校体育面向全体学生，提倡体操教学。在苏联学校体育教育理论指导下，这一时期高校体育教学主要以运动技术教学为主，把发展学生身体、增强学生体质看作是自然而然的事情。1978 年《高等学校普通体育课教学大纲》将体育教学目的表述为："增强学生体质；进行共产主义教育；精力充沛地进行学习和工作，承担建设和保卫祖国的任务"这三个方面，把"锻炼身体，增强学生体质"放在

首位。运动专项技术是促进学生身体形态、机能、素质和基本活动能力全面发展，培养强健身体的形式、内容和方法，突出了高校体育课程以"增强体质"为核心的教学内容。1979年教育部、国家体委、卫计委在江苏省扬州市联合召开全国学校体育、卫生工作经验交流会。会议提出，学校教育必须坚持"三好"的方针，纠正忽视体育、卫生工作的思想，保护学生的健康，使学校培养出来的人才，能为祖国健康工作50年。并强调"锻炼身体，增强体质"是学校体育教育的首要任务；评定学校体育工作的成绩，最根本的是看学生的体质是否有所增强。因此，以增强学生体质为核心的高校体育课程指导思想成了许多人的共识。

（二）统一了高校体育教材的编写原则

1978年教学大纲在教材的编写上提出"教材的思想性；教材应能有效地增强学生体质；教材的科学性；教材从实际出发，因地制宜；教材要体现民族的特点"五项原则。教材决定教育方针的执行和教育目标的实现。按这些原则编写的体育教材，在内容的选择、重点的确定及教材的排列方面，具有身体锻炼价值高、动作简单、实效性强等特点，能够更好实现"增强学生体质"的目标。

同时，为了协调我国各地发展的不平衡性，大纲还加大了选用教材的比例。这套大纲采用的是基本教材和选用教材相结合的课程内容，其中基本教材占80%，选用教材占20%。适当增加选用教材的比例，可以使课程内容多样化，使不同的地区和学校根据自身的实际情况，选用适合本地需要的教材。

（三）评价方法有利于运动技术的掌握

体育成绩考核是体育教学工作的重要环节，是检查和提高教学质量的有力措施。1978年《高校普通体育课教学大纲》指出："体育课是一门基础课，应认真进行学期考查和学年考试。"这一时期，高校体育评价内容以运动技术、技能达标或身体素质测评作为学生的学业成绩，评价方法采用终结性评价。终结性评价是在教学单元或已有教学结束后对学生学习结果做出的全面评价。其主要目的是给学生评定成绩，并给教师或学校提供关于某个教学方案是否有效的证据，是一种学习后的"回顾式"评价。"终结性评价着眼于学生对某门课程整个内容的掌握，注重与测量学生达到课程教学目标的程度；它是以学生在某个教程或单元所取得的学习成绩进行全面的确定，评价项目概括性水平一般比较高，考试或测验内容范围较广，而且试题一般包括许多构成该课题的基本知识、技能和能力，评价的次数或频率不多，一般一学期或一学年两到三次。"终结性评价能够促进学生对运动技术、技能的掌握，便于体育教师使用，但它的局限性也是显而易见的，它不能对教学的学习过程给予及时的反馈，无法及时反映和促进学生的学习和教师的教学。

二、1985—1999 年我国高校体育课程的发展经验

从 20 世纪 70 年代末到 20 世纪 80 年代中期，虽然整个教育事业以改革为核心，进行了全方位调整，实现了从无序到有序、健康稳步地发展，但由于受到计划经济体制和相应思想观念的影响和制约，包括高校体育在内的教育改革仍较拘谨。

从 20 世纪 80 年代中后期开始到 20 世纪末，情况却大为改观。高校体育课程建设也很快走向规范化、科学化和民族化轨道。1985 年 8 月国家教委召开部分高校修订《高等学校普通体育课教学大纲》座谈会，讨论修订大纲的指导思想和选编教材的方法。修订后的大纲把体育课分为普通课、选项课、选修课和保健课四种类型。1992 年 8 月国家教委颁布了我国第一个《全国普通高等学校体育课程教学指导纲要》，其中对高校体育课程的性质、任务、设置以及教材的选编、课程的评估和管理都提出了明确的意见，各高校按照纲要精神进行了一系列改革探索。在素质教育思想的推动下，特别是随着全民健身体系的建设和体育法制的逐步完善，高校体育课程改革日益呈现出勃勃生机和多元化发展趋势。

（一）确立了以育人为宗旨的指导思想

高校体育是高等教育不可分割的组成部分，它是以增强体质为最终目的，培养学生的体育意识、能力和习惯的教育过程。在高校体育教学过程中，运动只是为实现体育教学目的的手段之一，学生是为体育而运动，不是为运动而运动。这样才不会把教学的目标仅仅局限在掌握一些运动技术上。高校体育教学过程，是培养学生思想观念、增强体质的育人过程。在高校教育中，教育过程是分系统、有层次的，其作为高等教育系统的一部分，根本宗旨在于育人。我国这一时期的高校体育指导思想把育人作为宗旨，用整体的教育思想对待体育学科，确立了高校体育在高等教育中的恰当地位，认清了体育学科的本质功能在于育人，这是以前高校体育所没有明确提出的。

（二）课程目标内容将目的和任务区分开

这一时期高校体育课程明确提出了育人的目标，同时还强化了体育学科目标的特点。课程目标按总目标和具体目标的方式表述，《普通高等学校体育课程指导纲要》采用先确定总目标，再依次确定具体目标的顺序，用一个目的、三个任务的方法提出了体育课程的目的与任务。该纲要明确提出了体育课程设置的目的是："通过合理的体育教学过程和科学的体育锻炼方法，使学生增强体育锻炼意识，提高体育锻炼能力，养成体育锻炼的习惯，受到良好的思想品德教育，成为体魄强健的社会主义事业的建设者和接班人"。其基本任务是："增强体质，增进健康，全面提高学生的体能和对环境的适应能力，促进其身心全面发展；使学

生掌握体育的基本理论知识，树立正确的体育观念，掌握科学锻炼身体的基本方法，养成体育锻炼的良好习惯；培养学生爱国主义和集体主义的思想品德，树立正确的体育道德观，具有勇敢顽强、团结进取、开拓创新的精神风貌。"

（三）改进了课程类型，制定了教材选编原则

大学生在生理和心理方面的特点，允许他们承受更大的运动量，学习更加复杂的体育运动技、战术内容，单一的综合体育课已不能满足大学生发展的需要。1985年8月国家教委召开部分高校修订《高等学校普通体育课教学大纲》座谈会，讨论修订大纲的指导思想和选编教材的方法。修订后的大纲把高校体育课程分为四大类型：普通课、选项课、体育选修课和保健体育课。1992年颁布的《普通高等学校体育课程指导纲要》中第五条规定："普通高校开设体育课的类型有基础课、选项课、选修课、保健课。"

基础课是对学生进行全面身体锻炼，增强体质，使其掌握体育基本知识、技术、技能的课程。教学内容以田径、体操、球类、武术、游泳、艺术体操为主，并结合《国家体育锻炼标准》的项目。其中田径、球类是重点，比例较大，其次是体操、武术。由于大学生具有较高的文化科学水平，对体育知识的需求水平很高，增加了体育基本理论的比例，广泛介绍了体育项目的基本知识。体育基本理论教学内容包括革命导师对体育工作的论述；我国体育目的、任务、路线、方针；我国体育运动的发展成就；科学锻炼身体的理论知识；运动中常见疾病与预防；有关体育运动项目的一般方法、作用以及组织工作方面的知识；有关人体结构及运动生理、心理卫生的基本知识。

选项课是对具有一定专项技术水平的学生开设的。可从一年级开设，也可从二年级开设。选项课分为一般身体训练和专项两部分。一般身体训练包括用以全面发展学生身体的项目（如田径、体操等），提高身体素质的练习和《国家体育锻炼标准》中规定的项目。专项课内容包括专项技术、战术和理论知识以及各专项素质练习等。身体训练和专项训练两种课各高校应根据自身实际情况来设置，所占比例和内容的深度都不一样，一般开设专项课有足球、篮球、排球、武术、健美操和艺术体操等课程。

体育选修课是部分普通高校对三年级以上的学生开设以专项学习为主的选修课。教学内容以专项技术、战术和专项理论为主，并结合提高身体素质练习及其他辅助练习。

保健课是专门为体弱、病残学生开设的。该课程具有医疗和保健意义，使这部分学生能够得到相应的体育锻炼，掌握必要的卫生保健知识和锻炼方法，从而改善他们的健康状况。保健体育课的内容，由各高校根据本学校学生健康状况自行制订，一般有体育基本理论知识和卫生保健知识、武术（太极拳、太极剑等）、乒乓

球、保健体操和其他适宜的项目,并突破了以学科类课程为主体的一元结构,出现了诸如活动类课程、隐性类课程、显性类课程、研究类课程、环境类课程等试点。

《高等学校普通体育课教学大纲》还对体育课程教材的选编提出了七项原则与要求,分别是"坚持社会主义的教育目标、从实际出发、注重实效、具有科学性和系统性、体现教材的民族性和中国特色、理论与实践相结合、符合《大学生体育合格标准》的要求。"这七项原则考虑了我国的社会性质、经济发展和民族特点、党的教育方针和体育教学的规律,比以往较为全面、科学。例如第二项从实际出发的原则,各高校就要考虑因人制宜:师资条件,学生情况;因地制宜:根据地域和气候不同,南方选编游泳,北方选编滑冰;因专业制宜:海洋学院选编游泳,政法学院选编武术、擒拿,地质专业选编旅游、爬山,医科大学选编体育疗法、常见病的防治,师范院校选编学校体育竞赛与组织编排、裁判法等。再如第五项原则,"吸收世界优秀体育成果与继承弘扬我国民族传统体育相结合,要注意体现教材的时代性、多样性,并要充分体现教材的民族性和中国特色。"根据这项原则,应选编学生喜爱的体育项目教材,如乒乓球、羽毛球、排球、武术和体操等。这一时期高校体育课程在课程结构上进行了较大改进,课程内容较以往更加丰富。

(四)体育教学模式有所改变

课程的实施需要通过教学,教学是课程实施的主要途径。20世纪80年代中后期以来,随着外国先进体育教学思想的引入,相继出现了以发展运动能力为主的多种教学组织形式,例如:目标教学、自学与自评、情景教学、快乐体育、小群体学习法等。在教学过程中注重教师的主导作用和学生的主体作用相结合,使学生在教师的主导作用下,逐步把教育、教学任务变成自己的需要。如1992年湖南省在各学校就有计划地开展了体育教学"群体学习法"的实验,即在教师指导下,让学生组织成一些小群体,充分发挥小群体的自主性,促进学生主动地、协同地进行学习的方法。在体育教学中具体运用时,采取自由结合、自由选择练习手段、自由支配练习时间、自由交往的方法;在操作上,一般以4~6个课时为一个教学单元,一个单元的教学分为:准备—明确目标—学习—小结四个阶段进行。

(五)对学生体育成绩进行综合评价

以往高校体育课程学习评价只是对几个主要体育项目进行测验、评分。这就使教师和学生都忽视了体育教学的综合效应,甚至制约了体育教学,造成教师考什么教什么、学生便学什么的现象。从而导致对体育水平高的学生起不到促进的作用,对体育水平低的学生又容易使他们丧失信心。这一时期,我国的高校体育课程评价改变了单一地对运动项目成绩进行评分的方法。新考核办法采用综合评价，使各种不同水平的学生都能在原有的基础上，不断地学习与进步。新的考核方法将理论和实践相结合，技术与能力相结合，学习成绩与学习态度相结合，强调使学生积极锻炼身体、掌握科学锻炼身体的方法、提高体育的文化素养，达到《大学生体育合格标准》的目的。

三、1999年至今我国高校体育课程的发展经验

1999年6月，党中央国务院召开了改革开放以来第三次全国教育工作会议，颁布了《中共中央国务院关于深化教育改革全面推进素质教育的决定》，决定中明确提出："健康体魄是青少年为祖国和人民服务的基本前提、学校教育要贯彻'健康第一'的指导思想，切实加强学校的体育工作……"课程方面指出："面对新的形式，由于主观和客观等方面的原因，我们的教育观念、教育体制、教育结构、人才培养模式、教育内容和教学方法相对滞后，影响了青少年的全面发展，不能适应提高国民素质的需要。"因此，必须调整和改革课程体系，试行国家课程、地方课程和学校课程。改变课程过分强调学科体系、脱离时代和社会发展以及学生实际的状况。抓紧建立更新教学内容的机制，加强课程的综合性和实践性，重视实验课教学，培养学生实际操作能力。

2002年我国教育部颁布了《全国普通高等学校体育课程教学指导纲要》，这次指导纲要提出了新的课程理念和目标。对高校体育教学指导思想、培养目标、教学方法以及课程评价等层面，进行了修订与更新，体现了与时俱进，突出主体性，发展学生个性和建立新型师生观等特征，对于深化高校体育改革，全面推进素质教育，具有十分重要的指导意义。并且新指导纲要的颁布对具体的运动项目分类及课程模式的构建方面，没有进行任何的规定，使各个大学能充分发挥各校风格和特色，同时也为各所大学构建个性化的体育课程模式提供了自由的空间和创新的思路。

（一）"健康第一"作为高校体育课程指导思想

课程指导思想是课程的核心，在课程变革中起主导作用。由于时代不同，对教育提出的要求也就不同，因而课程的指导思想也就不同。21世纪是知识经济时代，各国间的激烈竞争归根结底是民族素质的竞争，而健康的体魄是民族素质中最重要的素质，因此《中共中央国务院关于深化教育改革全面推进素质教育的决定》明确提出了："健康体魄是青少年为祖国和人民服务的基本前提""学校教育要树立'健康第一'的指导思想"。作为学校教育的指导思想，各学科教学都要认真贯彻，尤其体育学科与学生的体质健康具有直接、紧密的关系，因此贯彻和体现"健康第一"这一指导思想成为必然。2002年教育部颁布新的《全国普通高等学校体育课程教学指导纲要》与过去相比，提出体育是全面贯彻党的教育方针、实施素质教育的重要组成部分，提出"体育课程是大学生以身体练习为主

要手段，通过合理的体育教育和科学的体育锻炼过程，达到增强体质、增进健康和提高体育素养为主要目标的公共必修课程"。同时，该纲要还提出健康是每个人生存、文明生活、高效率学习与工作的前提，对促进大学生身心健康成长，提高生活质量和综合素质具有重要意义。过去的大纲由于受历史的局限，没有突出"健康第一"的指导思想。新纲要把"健康第一"作为高校体育课程的指导思想，期望通过高校体育课程教学，促进大学生身心健康、和谐的发展。

（二）增加了心理和社会适应课程目标

在以往我国高校体育课程教学文件的目标内容表述中，一直将各种目标内容掺杂在一起，分类不清晰。并且在体育课堂教学实践中，课程目标较为关注运动技能和身体健康目标，对心理健康和社会适应目标重视不够。客观上，忽视了学生的独特性和个体差异性，使学生的体育兴趣、运动爱好得不到充分发挥。2002年新的《全国普通高等学校体育课程教学指导纲要》，把课程目标分为了总目标和具体目标，具体目标包括基本目标和发展目标。基本目标是根据大多数学生的基本要求而确定的，分为五个领域目标：运动参与目标、运动技能目标、身体健康目标、心理健康目标、社会适应目标。课程目标是按照目标内容分类，增加了心理和社会适应目标，这就使得课程目标条理更加清晰，同时内容也更加全面具体。在新纲要的指导下，各普通高等学校可以根据本校学生的实际要求和专业特征，对体育本身的功能和特点加以挖掘和发挥；也可以根据学校的发展方向和所处地理位置的特殊性，将课程目标的设计与专业特征、地理位置特殊性紧密结合在一起，进行体育课程改革。

（三）课程内容有较大改进

课程内容是课程目标的具体体现。以往我国高校体育课程内容以竞技体育项目为主，这一时期课程内容比以往更注重学生的需求和学生终身体育观的培养，因此课程内容更广泛，选择的余地也更大。《全国普通高等学校体育课程教学指导纲要》在高校体育课程内容方面只要求把握"健身性与文化性相结合、选择性与实效性相结合、科学性和可接受性相结合、民族性与世界性相结合、充分反映和体现教育部、国家体育总局制定的《学生体质健康标准（试行方案）》的内容和要求"这五条原则。在原则指导下各高校进行了课程内容改革，内容较以往更加丰富。一般包括理论知识类内容、技能性内容、拓展类内容、情感类内容。

理论知识类内容包括有关体育理论知识、保健知识、运动方式、有关项目的知识等，这些知识主要是提高学生体育文化素养，让学生学会自我锻炼的方法并能够自我评定。

技能性内容包括基础技能、专项基础技能和专项技能。

拓展类运动项目是为顺应终身体育观的形成，而开发的新型运动项目。它包括了适应日常生活的生活类项目；走入自然环境的生态类项目；处理应急事件、维护安全的生存类项目以及适应现代生活的时尚类体育项目。

情感类内容在学生运动过程得到体现，包括体育兴趣爱好的培养、体育习惯的养成、体育意志品质的培养、体育价值取向的定位和良好体育态度的形成。课程内容较以往更丰富多样，更加贴近社会生活。但我们不得不承认，我国普通高校体育课程仍受传统课程观念的影响，课程内容大学与中学重复，课程内容重点不明确等问题仍然很突出，还有待进一步研究解决。

（四）评价观念有所突破

课程在学校教育中处于核心地位，课程评价对教育过程具有导向作用。2002年《全国普通高等学校体育课程教学指导纲要》规定："评价中应淡化甄别、选拔功能，强化激励、发展功能，把学生的进步幅度纳入评价内容。"我国高校体育课程评价在新课程纲要指导下，逐渐意识到评价的根本目的是促进体育课程、教师和学生的发展。评价是手段而不是最终目的，评价的最终目的是激励和发展。在此基础上各高校制定了学生学业评价标准和评价工具、教师课堂教学评价标准和工具等。"为发展而评"成为评价改革的指导思想和实践方针，发展性评价的理念在评价改革的方案中，在教师的课堂教学中，在评价结果的使用上，处处都有体现。但我们也不可否认，课程评价观念虽然有所突破，但在实践落实中还存在很多问题，需要我们进一步去研究和完善。

第二节　高校体育课程发展中的问题

一、课程目标缺乏层次性和递进性

我国的高校体育一般是指普通高等院校非体育专业学生接受的以体育课程为主要形式的体育教育。近年来，我国高等教育的大众化趋向，决定了高校体育的普及化程度不断提高。然而，大学教育是中小学基础教育的高级化、继续化阶段，学生的生理、心理发展特点和知识、技能的逻辑系统等决定了大、中、小学教育是一个多层次的有机系统。因而，课程应设置为相互衔接、依次递进、各有侧重的目标，大学生生理、心理发展已经逐渐成熟，认知、情感和意志等心理逐步达到高级化发展阶段。因此，大学与中学的体育课程目标应有层次性、阶段性的差别，大学阶段更应突出学生的主体性、培养学生个性发展，并形成终身锻炼的健康生活方式，成为社会需要的全面发展的人才。但从我国所颁布的体育教学大纲来看，学校体育课程目标从中学到大学基本上是雷同的，这使我国学校体育课程目标缺乏层次性，削弱了体育教学大纲指导的意义。同时高校体育教学大纲虽有一定的课程目标和教学目的的要求，但是其所提出的教学要求运用了一些笼统的、模糊的术语，如"提高……""灵活运用……""培养学生……"等，也使得我国高校体育课程目标缺乏质和量的具体规定性，不利于实际教学过程中的把握和评价时的运用。从课程实践来看，我国的高校体育教学主要侧重于培养学生运动技能和身体健康目标，而对于情感发展和认知发展目标的重要性不太重视，导致了学生自身实践能力差、知识面狭窄、对体育课没兴趣等问题出现。

二、课程结构单一且缺乏适应性

当今普通高校体育课程设置虽普遍采用一、两种类型课程进行组合。如"基础课＋选项课、基础课＋选修课、选项课＋选修课"等，但即使实践中采用最多的"基础课＋选项课"课程类型，也仍存在课程形式化、以单一结构为主的传统高校体育课程的现象，过于注重保障基本教学任务的完成而突出必修课，且忽视选修课的作用。各高校对体育选修课的认识与重视程度不同，体育选修课开设的时间、层次和要求也不尽相同，大部分高校对大一、大四年级学生及研究生开设选修课，但疏于管理，选修课的内容和形式基本与体育选项课相同，造成体育选修课流于形式，未能发挥其应有的作用，缺乏适应性。理论课在整个高校体育课程中所占比重也不足，在地位上从属于实践课，大多内容浅显，形式单一，综合程度不高，在组织上与实践课存在明显分离。

三、课程内容针对性不强且缺乏整合与创新

课程内容的更新一直是近20年来体育课程改革的主要着眼点，也取得了一定的成效，出现了多样化、生活化的发展趋势。但现实中的高校体育课程内容仍然与中学重复过多，且简单排列，针对性不强，各种内容的选择和量的搭配缺乏科学论证，总体上内容广泛，却过多集中在正规的竞技运动项目上，忽视了运动项目的变化。传统体育教学内容，从中学到大学，都是以竞技体育运动项目为主来构建的，这种竞技化的教学受"学科中心主义"思想影响，过分强调竞技运动知识和技能的系统化、正规化，完全将竞技运动的内容与方法移植到学校体育教学中，注重各专项运动技术的传授和运动能力的提高，用专业运动员的标准来要求学生，不关注学生身体素质、运动水平、运动知识的高低程度。这对于广大青少年学生来说无疑是一种痛苦和摧残，不仅偏离了促进学生身体健康发展的目标，同时还严重影响了学生心理素质的健康发展。课程内容从中学到大学存在着大量的重复。例如：跑的教材按照跑的性质分成了快速跑、耐力跑、接力跑和障碍跑，在各个学段中跑的内容并没有什么根本的变化，中学练习50~80米中速跑、40~60米加速跑，大学

练习50米或100米跑，只是距离长短的调整而已。又如跳高教材，中学阶段学习跨越式、俯卧式跳高，大学学习俯卧式、背越式跳高，两者差异很小。

四、教学不适应时代变革的要求

我国体育教育界受苏联教育家凯洛夫教育思想体系和传统文化中师道尊严、教师至上观念的影响很深。具体表现在教学指导思想上没有处理好"国家、社会本位"与"个体本位"的关系，没有从根本上突破工具性教育、实用性教育这个框架，认为教学即是传授知识、技能，让学生理解、掌握知识，学会技能；教学过程是有目的、有计划、有组织的认知过程；教学方法就是想方设法让学生在较短的时间内获得较多的知识、技能；而教学评价看重的是标准的、统一的结论；师生关系是一种"授—受"关系，教师是知识的传授者，是课堂的主宰者，学生只能接受、服从，奉行"教师中心主义"。这些观念扎根于教师的日常行为中，持久作用于教师的教学方式，形成了以严谨的课堂形式、规范化的教学步骤、系统的教学手段为特点的体育教学模式。这种教学模式是在特定的历史条件和社会背景下，将运动训练的一般原理和体育教学的常规方法彼此结合，在一定历史时期内，显示了其旺盛的生命力，也持续影响并培育了几代人，发挥了一定的积极作用。但随着时代的发展，人们对健康认识的不断深化，这种教学模式的诸多弊端也因自身矛盾的不断激化而逐步暴露出来。具体体现在以下几个方面。

（一）教学组织形式方面

第一，形式过于严密，过多的条条框框和约束限制，导致学生不喜欢体育课，进而影响他们主动参与体育活动的积极性。第二，以教师为中心的教学组织形式是体育教学中的重要问题。在体育教学中只强调教师的主导作用而忽视了学生的主体作用，以教师为主导来组织体育课程，忽视了从学生个性特点出发因材施教。尽管学校体育教学应"以学生为主体"的要求提了很多年，但在教学过程中学生仍然不是主体，还是以教师为中心。体育教师主导着体育教学，学生则处于十分被动的地位，他们只能按照体育教师的主观愿望机械地完成任务，从而抑制了他们主观能动性的发挥，挫伤了他们的积极性，也抑制了他们个性的发展。在这种情况下，虽然勉强完成了任务，但往往使整个体育教学的过程过于严肃，不符合学生的心理特点，因此教学效果也不理想。第三，一成不变的课堂教学程序，严重地阻碍了学生的主体意识、创新精神和实践能力的发展。

（二）教学方法主要采用传授式教学

在体育教学中，传授式教学法实际上强调的是教师怎么教，至于学生怎么学并不重要，学生可以不知其然，更不必知其所以然，只要可以"依样画葫芦"，就被认为是最好的教学效果。这种传授式教学方法助长了学生的依赖心理，阻碍了学生的创造性，也没有关注到学生的情感体验。此外，高校体育教学过于注重学生技术动作学习的系统性，忽略了高校体育教学并不是为了使学生像运动员一样到竞技场上参加比赛，而是为了促进其身心健康发展的目的。

五、课程评价体系不完整

从我国目前的高校体育课程实践来看，课程评价虽然确立了"为发展而评"的理念，但在实践过程中仍然存在着，过分强调甄别与选拔的功能，忽视改进与激励的功能；过分关注结果的评价，忽视评价过程本身的意义；评价内容过分注重竞技运动成绩，忽视综合素质和全面发展的评价；在评价方法上比较单一，注重量化，没有充分体现新的评价观念，评价主体单一，忽视现代评价主体的多元性和价值的多向性等问题。例如对学生的评价，内容基本上局限于运动知识、技能的评定，而忽视了对学生的学习态度、习惯养成、情感、团队合作等方面的评定，这对学生来讲是很不公平的。学生无论在体能、技能，还是兴趣、个性等方面都存在着很大的差异，这种单一内容的体育考核标准，忽视了学生个性的差异，也忽视了培养学生的健身兴趣、能力和习惯，对学生的自学、自练、自评和自控能力重视不够。同时评价内容的单一，也造成了评价与课程目标的脱节。从我国所颁布的高校体育教学大纲中的体育目的和任务来看，除了要求学生掌握体育的基础知识、基本技能，还有诸如"培养学生锻炼身体的习惯""增强学生对外界的适应能力"等一些要求，但在实践中教师对学生的评价内容仅局限于体能和运动技能，这就只体现了对部分课程目标的评价，其他目标则没有在评价中体现出来，使具体的课程评价与大纲的要求相违背。另外，从评价方法看我国对学生的评价，主要是采取教师评价、终结性评价这样的传统方法，评价方式也仅是对体能和运动技能测试等，这些评价方法不能完全反映学生的学习态度和学习行为。在评价中以教师为中心，不重视学生的自评和相互评价，使评价失去了反馈的功能，不利于激励学生学习的积极性，也不利于提高教学效果。

第三节　高校体育课程发展的策略

一、优化高校体育课程目标体系

大学教育是中小学基础教育的高级化、继续化阶段，学生的生理、心理发展特点和知识、技能的逻辑系统等决定了大、中、小学教育是一个多层次的有机系统。因而，课程安排应有相互衔接、依次递进、各有侧重的目标。高校体育是大学教育的重要组成部分，其课程目标与中小学体育课程目标应该相互衔接、依次递进，更加侧重学生个性的发展和终身体育观念的培养。

（一）注重目标的系统化

体育课程目标是由教育行政部门依据学校体育目标的总要求确定的，是指导各级、各类、各地区学校进行课程编制的准则，也是指导各级、各类学校教学的重要准则。其目标要求既要体现社会需要又要体现个体发展要求，还要符合体育学科特点。为使课程目标针对性增强，应系统化大、中、小学体育课程目标，同时注重各阶段的层次性，体现"健康第一""终身体育"的指导思想。

体育课程目标体系包括学习领域目标和水平目标，学习领域目标主要是从学校体育课程整体的角度来考虑的，指学生通过从小学到大学体育课程的学习，到底应在哪些方面取得学习的效果，是根据社会的需要、教育的需要和体育学科自身发展的需要而确立的。例如：新纲要以新的"健康观"为依据，结合体育课程以身体练习为主的特点，确立了包括运动参与、运动技能、身体健康、心理健康、社会适应五个方面的学习领域目标体系，每一个学习领域都有具体的规定。对运动参与目标，规定：积极参与各种体育活动并基本形成自觉锻炼的习惯，基本形成终身体育的意识，能够编制可行的个人锻炼计划，具有一定的体育文化欣赏能力。对运动技能目标，规定：熟练掌握两项以上健身运动的基本方法和技能；能科学地进行体育锻炼，提高自己的运动能力；掌握常见运动创伤的处置方法。对身体健康目标，规定：能测试和评价体质健康状况，掌握有效提高身体素质、全面发展体能的知识与方法；能合理选择人体需要的健康营养食品；养成良好的行为习惯，形成健康的生活方式；具有健康的体魄。对心理健康目标，规定：根据自己的能力设置体育学习目标；自觉通过体育活动改善心理状态、克服心理障碍，养成积极乐观的生活态度；运用适宜的方法调节自己的情绪；在运动中体验运动的乐趣和成功的感觉。对社会适应目标，规定：体现出良好的体育道德合作精神；正确处理竞争与合作的关系。

在确立了学习领域目标之后，就应根据大、中、小学各个学段学生的生理、心理和对体育的不同需求的特点，合理地划分出符合学生身心发展特点和体育学科实际的"学段"，构建不同学习领域的学习目标。根据学生身心发展特点划分"学段"非常关键，划分学段的过程是认识、分析不同学段学生身心特点的过程，也是确立水平目标的根本依据。根据教育心理和运动心理对学生身心发展特点的研究和分段，从小学到大学一般可以分为：小学低年级（1～2年级）、小学中年级（3～4年级）、小学高年级（5～6年级）、初中、高中、大学六个学段，也就是六个学习水平。不同的学段形成不同的水平，在同一水平还可根据学生发展水平的差异，分为基本目标和发展目标，基本目标是根据大多数学生的基本要求而确定的，发展目标是针对少数有特长的学生确定的，也可作为大多数学生的学习目标。通过上述步骤，基本完成体育课程目标体系的构建。

（二）更加关注学生个性发展

联合国教科文组织的报告《学会生存》一书指出："教育即解放"，教育的任务是"培养一个人的个性并为他们进入现实世界开辟道路"。解放人的思想，挖掘人的潜能，培养人的个性，促进人的全面发展，是教育的首要任务。

哲学意义上的个性是指一事物区别于其他事物的个别的、特殊的性质，它与共性组成辩证法的一对范畴。心理学意义上的个性是指在一定的社会和教育环境下个人稳定的心理品质，它包括两个方面，即个性倾向性和个性心理特征。社会学意义上的个性则把人的个性视为生理因素与社会因素的复合体，认为社会的存在首先表现为人的存在，反过来人的存在也离不开社会的存在，所以人的个性必须通过社会性来呈现。教育学意义上的个性认为教育的作用和价值体现在教育者的知识与受教育者个性的交融上，教育不仅是将一种知识和学问灌输到学生的脑子里，而是要把学生的个体优势引发出来。

综上所述，多种学科从不同角度研究的个性，所揭示的都是一个道理，即个性的特质和它形成的规律。个性是人的遗传特质和后天环境与人相互作用的结果。也就是说，由于每个人的先天遗传基因不同、后天生活的环境不同、两者与人的主观努力相互作用不同，形成了独特的个体差异性。而适当的教育方式就是要通过创造良好的人为环境，发挥个体的积极性，把个体的先天的"优势"牵引出来，把人类积累的智慧充实进去，帮助学生形成完整的、健康的、充实的个性。

高校体育课程是寓促进身心和谐发展、思想品德教育、文化科学教育、生活与体育技能教育于一体并有机结合的教育过程；是实施素质教育和培养全面发展的人才的重要途径。大学生在身心发展程度上已相当成熟，因此在高校体育教育过程中更应尊重学生独特的个体差异性，才能使受教育者主动地去发展自己的特色和专长。教师通过情感教育，发挥大学生的自主性；实施有针对性的教育，发展大学生的独特性；通过启发手段及审美教育，充分挖掘大学生的发展潜力，达到培养具有创新精神和实践能力的高级人才的目的。

（三）体现终身体育的理念

高等教育是学校教育的最高阶段，应当成为终身教育的桥梁，对学生的培养要着眼于学生一生能更好地生存和发展，应重视其终身受用的素质培养及其构成，要体现出对学生终身关怀的教育本质。高校体育课程是高等教育的重要组成部分，因此，终身体育的理念在高校体育课程中也应得到充分的体现。

终身体育指一个人终身进行身体锻炼，接受体育指导及教育。它的形成除了受终身教育思想影响外，还受体育本质功能、社会经济发展和人们生活水平以及现代人行为方式的影响。它是随着社会的发展而形成的，它的形成标志着社会的进步和发展。现代社会生活使人们的生活观念和健康观念发生了很大的变化，一方面，健康成为公民享有的一种基本权力，参与体育健身被视为现代社会人权的组成部分；另一方面，人们从现实生活的实践中找到了提高生活质量和生命质量的办法——体育健身运动。正是由于体会到参加体育锻炼对于身心健康、促进人的社会化进程的明显作用。因此，现代人把参加体育锻炼当作是追求健康、愉悦身心、追求幸福人生目标的必要途径。高校体育是终身体育的一部分，应当成为终身体育的桥梁。它的主要任务是激发大学生参加体育锻炼的兴趣，养成坚持参加锻炼的习惯，提高参加体育锻炼的能力，增进身心健康，增强抗病能力和适应环境变化的能力，树立良好的道德情操，为终身体育奠定基础。可以说，终身体育的形成与发展，既是对当代高校体育提出的要求，也是今后高校体育发展的最终归宿。我们将这一理念融入高校体育课程目标，对体育课程目标进行合理的整合，使课程目标与学校的客观实际相联系，使课程目标和学生的客观条件相联系，使其成为适应于学生发展的学习目标，这样的目标才是切合实际的。不仅如此，我们还应对课程目标的各个领域之间进行横向整合，至少要把课程目标的运动主线（运动参与和运动技术）和发展主线（身体发展、心理发展和社会适应）整合起来，使运动成为发展的载体，也使发展成为运动的目标，只有实现这样的整合，才能实现高校体育课程改革的整体推进。

二、调整课程结构与内容

高校体育课程结构设计应当尽可能地满足学生的运动需求，满足培养目标的需要，即课程结构应与培养目标所要求的知识、能力结构相吻合，将课程目标具体化为丰富完整的课程体系。

（一）树立综合价值取向的课程观

随着我国教育改革的深入发展，特别是由应试教育向素质教育的转变，我国学者对课程本质提出了新的以"育人为本"为核心的见解。在这个基础上，概括已有的研究成果，对学校课程进行了这样的解说："课程是由一定育人目标、基本文化成果及学习方式组成的，用以指导学校育人的规划和引导学生认识世界、了解自己、提高自己的媒体。"以课程为育人媒体，是课程各层面性质，把课程的知识、目标、计划、学习、评鉴诸多要素的整合；是课程传授文化遗产的功能、服务社会和发展社会的功能、发展智力和培养个性的功能的整合；同时也是课程即学科知识、课程即经验、课程即计划和课程即社会改造等观点合理内涵的整合。

课程观念和课程体系是对立统一的，有怎样的课程体系就有怎样的课程观，同时课程结构设计总是受特定的课程价值观支配，必定折射或体现特定的课程价值观。单一学科取向的课程结构,显然不能适应学生个体和社会发展的需要,如果只强调学科价值,势必会重蹈教育史上的学科本位论,因此应代之以更为全面的综合取向的课程结构,这也是目前世界各国学校课程结构改革的共同趋势。对于高校体育课程而言,构建体育学科、学生和社会综合取向的课程结构,就是将"学科逻辑、学生的心理逻辑、当代社会生活中的问题进行整合",形成以体育学科知识、学生需求、社会发展三方面统一的课程结构设计理念,以更好地解决社会需求、体育知识体系、全面发展三者的关系。

（二）增强课程的选择性

高等教育目标的多元化,是社会发展的多元化趋势和学生个性发展的多样化需要,在高等教育培养目标上的体现,是高等教育根据社会发展的需求、学校定位和学生个体的状况,为学生的发展提供多样化选择的发展模式,体现受教育者成长的规格、层次、个性发展和职业取向等的多元化。它要求高等教育把培养适合社会发展的合格人才和精英人才作为自己的教育目标的同时,还应根据学生自身的特点和个性差异,把培养理论性人才、实践性人才和综合性人才也作为自己的教育目标,形成教育目标的多层次和多类型发展。

高等教育目标多元化的发展趋势,已渗透到高校的各个领域和各个层面。具体到高校体育教学来说,其体育课程结构应突出以人为本,体现多元性特征。一方面,应当重视学生的主体取向,关注学生的个体差异；另一方面,应适应社会发展和教育改革的需要。我国普通高校体育课程有别于中学体育课和体育专业课程的原因是学校体育课程中的最高层次和培养目标更广泛,因而,普通高校体育课程的选择性更强。例如,新纲要中将体育课程目标调整为运动参与、运动技能、身体健康、心理健康和社会适应五个领域目标。课程目标内容、结构和层次由原来的单一性、统一性转变为具有针对性、多元性和可操作性,既有针对大多数学生制订的基本目标,也有为少数学有所长和学有余力的学生确定的发展目标,各个领域还有针对不同层次、不同类型学生的具体培养目标。高校体育课程方式可以形成普通课＋选项课（二年级）＋任意选修课（三年级）模式,普通课＋普通课、选项课（二年级）模式,普通课、选项课、专项课、保健课＋俱乐部模式等多种模式。现代大学生对运动兴趣爱好及体育需求比较多元化,同时在身体素质基础、运动技能等方面具有很大的差异性。因此,为满足不同层次、不同类型学生的需求,应提供多样的选择和发展方向。只有以课程目标为指导,增强课程的选择性,才能把握课程结构调整的方向。

（三）科学构建内容体系,增强课程的整合性

为适应素质教育对学生身心素质及学生个性发展的要求,在建立多元目标体

系基础上，还应力求课程内容和形式的统一。确定哪些学习领域目标是明确掌握体育知识、健康卫生知识、运动项目技术（即通过体育知识、健康知识、运动技术的掌握，知识教育的形式直接实现学习领域目标），哪些又是通过体育课程学习形成意识、能力（即通过不同的教学组织形式、教学方法间接实现学习领域目标）。只有这样，才能从知识和技能两方面挑选课程内容。特别是有关运动技能、身体健康等方面的目标，实现同一目标可供选择的课程内容很多，因此，从能实现目标的所有内容选择时应遵循：①典型性，选择的课程教材内容在实现目标的所有内容中具有代表性；②基础性，能为以后的学习、发展奠定一定的素质技能基础；③健身性与文化性相结合，既要考虑对学生身心发展的影响，又要考虑课程内容的文化含量，来提高学生体育文化素养，而在学生从小学到大学的整个阶段，课程内容的健身性应是逐渐减少，文化性逐渐增多；④民族性、世界性与时代性相结合，汲取世界优秀体育文化，弘扬我国民族传统体育，同时将具有时代特色的课程内容引入体育课程，体现课程内容的时代性、发展性、民族性；⑤科学性与实用性相结合，课程内容应与学科发展相适应，要能够反映体育学科的新进展、新成果，同时从不同的地域、气候、学校场馆设施和器材等实际出发，注重实效；⑥体现学生的主体需要并且课程内容的选择要以人为本，遵循学生身心发展规律和兴趣爱好，被学生所用、所好。以上便是学生形成终生体育习惯的六条原则。

同时将所有选择的体育课程教材内容形成两大内容体系，即以运动项目为主要特征的课程教材内容体系；以体育运动知识和原理以及与体育运动有关的健身、健康、营养知识等为主要特征的课程教材内容体系。两者之间是相互交叉、相互渗透的。课程教材内容阶梯性是指在安排课程教材内容学习时，应遵循由易到难的顺序，根据学生在不同年龄段的认知水平和特点，设置与其年龄相应的课程教材内容。在其他文化学科的课程教材内容设置中，阶梯性表现非常显著。而对于运动项目的安排设置，阶梯性表现就不那么明显了，如大学生学习体操就比小学生困难，而体操本身的难度却是很大的。

体育项目之间的关系也存在不明显的阶梯性，不能说非得先学排球后学足球，这两项运动之间没有谁先谁后的问题。因此，对于以运动项目为主要特征的课程教材内容体系，在考虑各阶段衔接时，一般是从小学到大学，学生学习项目是逐级递减的，而同一运动项目的内容则遵循"基本身体活动能力培养、基本运动技能的形成、运动技能的全面发展、专项运动技能的发展和综合能力的提高、特长技能的获得和综合体育能力的形成"，这样一个内容体系来构建。对以体育运动知识和原理，以及与体育运动有关的健身、健康、营养知识为主要特征的课程教材内容体系，由于这些内容之间是存在内在逻辑联系的，在考虑阶段衔接时，应遵循由易到难的原则，交叉融合到以运动项目为主要特征的内容体系中去。以足球运动项目内容一体化为例：小学中、低年级阶段，主要选择各种足球游戏作为教材内容，培养学生兴趣，全面发展学生基本活动能力；小学高年级阶段，主要选择在基本部位练习的足球基本技术（如正脚背颠球、运球、传球、停球等）作为教材内容；初中阶段，主要选择在多个部位练习的足球的各项基本技术（内外脚背颠球、运球、传球、停球等）、基本战术和足球基础知识作为教材的内容；高中阶段主要选择足球的组合技术、简单的战术组合、足球运动原理、足球锻炼方法等作为教材的内容；大学阶段，主要选择足球的技术、战术运用、足球裁判法与竞赛组织、足球运动的社会发展、足球欣赏等作为教材的内容。教师通过足球教材内容的一体化，使学生既有较高的足球运动技能，又有丰富的足球知识，为学生的终身体育打下良好的基础。另外，从某种意义上说，体育知识具有整体性，而学生经验和社会生活本身也是一个整体，但由于社会分工和传统教育等方面的原因，各种知识被分成不同的学科。课程设计就是要找出体育知识、学生经验与社会需求之间的内在联系，将其整合为一个有机的整体，使其产生合力。这就需要掌握体育科学知识的原则和规律，合理选择和搭配课程内容；并从丰富的体育课程内容中，合理的选择能够与学生经验和社会生活整合为一体的课程内容。

三、改进课程实施

课程实施是将编制好的课程计划付诸实际的过程，是实现预期的课程理想，达到预期课程目标的基本途径。从狭义的角度研究课程实施的本质就是教学。我国高校体育课程在实施过程中未能完全达到预期的理想，主要体现在教学观念、教学方法、手段不适应时代变革的要求等问题上。究其原因有课程本身的特点，还有课程实施过程中的影响，其中最重要的还是教师，因为从某种意义上来说，课程最终都是通过教师来实施的。因此教师在课程实施过程中，应树立人性化教学价值观；与学生建立良好的师生关系；采用恰当的教学模式和科学的手段进行教学，以达到预期的教学目标。

（一）树立人性化的教学价值观

人性化的教育是一种真正以人为本的教育，它把对人的关注放在比对物的关注更为显要的地位，将人的内在需求，人的主动精神，人的个性化发展视为崇高目的。为了真正实现人性的全面发展，要求教育者特别注重从人的内部去寻找创造性的源泉，通过对学生兴趣、动机、情绪、想象力和个性的培养，来充分发挥学生的潜能。这种教育观是直接针对现代人的片面发展和人格缺陷而提出的，它满足了人们希望教育在解决社会问题和人的危机中发挥作用的诉求，也是对当前教育功利化倾向的纠偏。人性化的教育是从受教育者的发展和需求来设置教育（含课程）目标、规划学习内容。在学习过程中人性化教育崇尚快乐学习，生活化和个性化的学习，追求"有教无类"、因材施教。在师生互动关系上强调民主、平等、以学生为中心。在对学生的评价上更加强调民主开放、公正客观,不以顺从、高分和知识、技能的积累评判学生,而是以学生人格的完善、个人潜能的发挥和人生的幸福以及生命目标的实现进行判断。这种软性的、内向性的教育模式与传统的"功利主义""权利主义"的教育模式相比,对于促进学生素质的提高、能力的全面发展和人性的丰满具有更为积极的意义。

(二)建立良好的师生关系

现代师生关系是人性化教学价值观的具体体现,也是保证教学质量的关键因素。学生只有在融洽、和谐的氛围中,才会有人格的舒展,才会有思维的跨越与激荡,进而才有创新潜能的迸发。在体育教学过程,教师与学生则是具有思维意识的活的因素,教学过程的运转、教学效果的质量与两个活的因素之间具有更密切的关系。从微观层次来看,师生关系是教育过程最基本的人际关系。在体育教学中,应建立民主型、友爱型、对话型、合作型现代师生关系。

民主型师生关系。传统师生关系以专制型最为典型,现代社会则以民主型、开放型为首要特征。心理学家勒温等人曾研究过专制型、放任型、民主型三种类型的师生关系。这三种类型的教学作风在我们的体育教师中都普遍存在。教育实践表明:专制型的教师,对学生专横、苛刻,学生一般都存在抵触情绪和逆反心理,对体育教师和体育学习,表现出冷漠、反感或怀有敌意;放任型的教师,对学生撒手不管、听之任之,学生一般都感到无人关心、无所适从,因而在体育教学与课外体育活动中,表现出随心所欲、独往独来;民主型的教师,对待学生亲切、平等,能虚心听取学生的意见,和学生交朋友,因而学生一般都感到心情舒畅,在体育学习中情绪饱满、对活动充满热情,并表现出较高的独立性,师生之间能够和睦相处。在体育教学中,民主型的师生关系是师生关系和谐、融洽的基础,而民主型师生关系有赖于民主型的教师去创造,教师只有做到真正的民主,才能为主体性道德人格的生成提供最基本的条件。教师对学生只有真正做到平等沟通,才能形成教学相长的良好风尚。

友爱型师生关系。教师要热爱学生、信任学生、关心学生、尊重和赞赏学生,平等对待每一位学生。尊重那些先天运动天赋较差的学生,要赞赏每一位学生所取得的进步,关注个体差异和不同需求,确保每个学生受益,这是创造师生良好情感关系的基础。从学生方面来看,学生与教师的良好师生关系,有利于激发体育学习热情,学生对教师会产生一种信赖感,这种信赖感是实施教育的基础。同时,教师在与学生交往的过程中,应设身处地从学生角度出发,体察学生的情感,并在同情、理解的基础上把握学生的情感需求,引导学生健康的发展,这就是移情作用。在体育教学中,教师要充分利用移情作用,在与学生相处中注意从学生的角度去热爱、关心学生,拉近与学生之间的情感距离。友爱型的师生关系减弱了传统体育教育中"师道尊严",给教师的教和学生的学带来一份平等,是现代教育的基础。

对话型师生关系。在民主型、友爱型师生关系的基础上,自然会衍生出对话型师生关系,这是在现代社会背景下诞生的一种现代师生关系。所谓对话,是指师生在相互尊重、信任和平等的立场上,通过言谈和倾听而进行的双向沟通方式。这里的对话不仅是指师生双方狭隘的语言交谈,还指师生双方思想一致和彼此接纳,是一种真正意义上的精神平等与沟通。在体育教学中,教师不再是教学的支配者、控制者和传授者,而是通过对话激发学生对体育的兴趣,培养学生良好的体育习惯;通过对话提升教师和学生双方的人格;通过对话教师和学生共同参与、合作创造出相互交往的体育教育活动。体育教师通过创造积极的师生关系,使学生获得人际关系的积极体验,体验到自由、民主、信任与和谐,形成积极的、建设性的人生态度与价值。

合作型师生关系。合作型师生关系是师生之间彼此配合、互相协作所产生的关系,它是基于对话型师生关系的一种新型师生关系。20世纪80年代以来,苏联一些教育革新家所倡导的合作教育学即体现了这种师生关系。在合作互动的师生关系中,师生的交往方式将发生根本性的变化。教师和学生以平等的地位和真诚信任的态度协同开展教学活动。教师不再是知识技术唯一的拥有者,教育活动内容由师生共同确定、研究和讨论,教学的组织形式也由师生民主协商选择,一起为高效率地完成活动任务而协同努力。在体育教学活动中,师生之间不再是一种绝对服从式的关系,学生在没有任何强制的条件下可以充分发挥主动性和独立性,尽情地享受体育运动的乐趣,体育教学在某种程度上成了一种合作的游戏。教师不再是权威的角色,而是以平等者的身份进入学生的内心世界,这种师生关系的合作性体现了当今时代的新特质。师生之间真诚的合作互动,统一于现代师生关系之中,且代表了现代师生关系的发展方向。

(三)采用多种体育教学模式

在采用教学模式时讲求创造愉快的学习气氛,强调激发学生的学习兴趣,引导学生的良好学习情绪,使学生变被动接受为积极主动的学习。但任何教学都是教学内容与教学方式的统一,学生的情绪既受施教方式的影响,又受施教内容的影响。当教学方式创设的精神与教学内容所描述的情景相辅相成、相得益彰时,便能够激发学生的强烈兴趣,提高学生创造性思维能力的培养。

快乐体育教学模式。快乐体育教学模式即以运动为基本手段,采用适宜的教学方法增强学生体能,使学生得到理性快乐体验的一种体育教学模式。这种教学模式的作用,体现在能够较好地提高学生学习体育的兴趣、养成体育锻炼的习惯。教师通过指导使学生在"乐"中学,在学中"乐"是这种教学模式的主要特点。它的基本程序：初步体验运动的乐趣—理解运动乐趣—再学习—赞许（理性）—运动成就感。在快乐体育教学模式中，情境体育教学模式和成功体育教学模式最有代表性，是快乐体育教学模式的变式。

情境体育教学模式。情境体育教学模式是教师根据教学内容和学生的实际情况，通过设置相关的故事情节、场地器材和情感氛围，提高学生体育学习情趣，进而提高学生基本运动能力，发展学生体育兴趣的一种教学模式。教师通过情境设计使学生产生优势兴奋中心、获取最佳注意力，使学生在"不经意中"发展身体、陶冶情操，是这种体育教学模式的主要特点。它的基本教学程序：设置情景—引发运动兴趣—体验情节—运动乐趣—得到锻炼—还原。

成功体育教学模式。成功体育教学模式是毛振明先生倡导的一种体育教学模式，其目的是对每一个学生负责，并积极创造条件，让每一个学生都获得成功的体验，成为学习上的成功者，其突破口是评价方式。这种评价方式不带强迫性，是每一个学生乐于参与的，融自愿性、竞争性和鼓励性为一体。在教学过程中，只要学生有积极的表现和进步，教师就应及时给予奖励（一般称为奖励分），而且不论其在班上同学中所处的能力水平如何，在学期终结的时候，教师把考试分与奖励分按照一定的权重合成，给出学生的最终评价。在体育教学中运用成功体育教学模式，通过自我目标的设立、自我的超越，学生可以获得成功的感受，得到快乐的心理体验。其作用是能够有效地增强学生体育学习的自尊心和自信心。其特点是通过努力不断产生自我超越感，体验成功的快乐，使身心得到发展。它的基本程序：教学诊断—设立自我目标—超越自我—教学评价—体验成功。

（四）创新教学手段，广泛使用现代教学技术

现代教学手段对优化体育课堂教学、激发学生体育学习动机和兴趣、加深学生对动作概念和体育理论知识的理解具有非常重要的作用。教师可以通过图像、动画、影像、声音等多种媒体，直观、逼真地反映技术动作的动态变化过程。教师运用多媒体技术进行体育教学，可以激发学生的求知欲，进而使学生乐学、主动地学。同时，多媒体技术以其具有的交互、共享等特性，也促进了体育教学环节的优化。

1.在运动技术、战术教学中运用多媒体

在运动技术教学中，我们利用多媒体中图形的移动、连接、倒放、定格来演示运动的轨迹、动作过程及身体各部位的空间位置，相对于传统的靠挂图展示、教师自身的动作示范来讲解的教学手段，收效更为明显。例如，在教"投掷铅球"这个技术动作时，其教学难点在于最后出手动作，如果由教师为学生实地示范，不但教学效率低，而且技术动作还不容易被学生理解，但运用多媒体技术进行教学，效果就完全不同了，清晰的画面可以是连贯动作，也可以是分解动作，还可以把速率放慢，教学难点直观、形象、准确的展现在学生面前，并且学生有

充分的时间理解、掌握，进而提高了课堂教学质量。

运动战术教学包括战术思想、战术意识和战术行动的教学，因此要把运动战术内容教好更为复杂。利用多媒体技术，教师可以很方便地根据教学需要，将零散分布在不同影视、录像以及网上有关的视频、音频、图片等素材集中起来，科学编排制成课件应用到教学中。教师在教学过程中和学生在自学中，可暂停、慢放或多次播放所需影音材料，也可以用文字说明与视频画面同步，形成动静结合、视听结合多位一体的，多容量的教学内容。例如，教师在给学生讲授篮球技、战术时，通过播放录制的篮球比赛片段，让学生了解战术配合的形成与变化；通过慢放、反复播放让学生看清楚战术配合中场上队员跑动的路线，采用的技术动作，使教学内容更加直观、形象便于学生掌握。

另外，在技术分析、对比教学中，也可以把学生的运动技术录像、图片和优秀运动员的技术录像或图片放在一起进行对照分析，通过对照分析找出差异与不足，帮助学生改进、提高技术动作。这种方法针对身体本体感觉较差、不能很好感觉自身动作的学生尤为有效。

2.理论课可采用进行人机对话的形式

多媒体教学具有很强的交互性。教师可以根据这一特点，把握理论教学目的和内容的需要，通过制作合适的课件实现人机对话。例如，在给学生讲解篮球规则中："裁判伸出两个手指的意义是什么。"这时利用多媒体技术有针对性编写了一些交互性练习，练习要求学生在得一分和两次运球两个图片按钮中选择一个，若回答正确则弹出一个对话框，对话框内有一句赞扬的话和"解释理由"，若回答错误也弹出一个对话框，对话框内有鼓励的话和"解释理由"。学生通过点击"解释"按钮可以看到教师详细的解答，及时检验学习效果。这种交互性和娱乐性的练习形式新颖，不但可以轻松巩固已学的知识，而且还能激发学生对学习的兴趣，充分调动学生学习的积极性。

四、改革课程评价

（一）注重评价的发展功能

从评价的功能来看，评价主要有三种：侧重于选拔淘汰的选拔性评价、侧重于鉴定水平的水平性评价和侧重于促进发展的发展性评价。我国高校体育课程虽然在评价观念上有所突破，但现实中的体育课程评价，仍然只是关注课程预定目标的实现和体育教育结果，而不关注高校体育课程中非预定目标的实现；只关注评价的甄别与选拔功能，而不关注评价的发展与激励功能。根据当代课程评价理论，教育活动、课程本身具有内在的价值，不能只通过教育的结果来证明其价值，并且有些价值也无法体现在教育结果中。因此，对于高校体育课程评价来说，不仅要关注学生在课堂上学了多少技术动作，还要注重学生学习兴趣、动机、情绪、想象力和个性的培养。评价不再仅仅是为了选拔和甄别，而是更加注重发挥评价的发展性功能。高校体育课程发展性评价的理念强调发挥评价的"促进发展"的功能，倡导评价的根本目的不仅是检查学生的体质状况和评比体育学习的成绩，更是为了促进学生个体的发展；评价也不只是体育教学过程结束时鉴别、筛选的手段，更是促进学生身心发展的有效手段。对学生的发展性评价也承认学生个体之间身体素质基础和发展水平的差异，但该理论认为，评价的根本目的不是为了检查学生的身体发展状况或具体表现，或是给学生下一个精确的结论，鉴定出他们在群体中所处的位置，从而使评价对象之间的差异明确化、凝固化，而是要从这些差异的分析中去判断学生存在的问题与不足，发掘适合评价对象发展的教育方法，促进学生的发展和表现，让他们在现有基础上谋求实实在在的发展，逐步达到身心全面发展的要求。

（二）完善课程评价体系

马克思主义关于人的全面发展的学说是我国社会主义教育目的的理论基础，社会主义教育目的是我国制定各级教育培养目标的主要依据，也是高校体育课程制定目标的主要依据。人的全面发展包括丰富的内涵，是人的"体力、智力、情绪、伦理"各方面因素的全面发展。就高校体育课程而言，其评价目标体系应包含运动目标、健康目标和行为目标。

运动目标由运动知识目标和运动技能目标构成。①运动知识目标主要是使学生掌握科学锻炼身体的基本原理和方法，用科学的理论知识指导实践并以掌握合理的运动负荷、运动损伤的预防及处理、对锻炼效果的自我评价三个方面，构成了运动知识目标的三条主线。②运动技能目标是指学生通过体育课程的学习，掌握1～2项自己较为喜爱的运动项目的锻炼方法，并在这方面形成一定的特长，为今后的自我锻炼打好基础。同时，学习和掌握与体育相关的安全及自救技能，如游泳技能、攀登技能以及在出现各种突发事件时保护自己和同伴的技能等，这些技能与体育技能一样，是运动技能不可缺少的组成部分。

健康目标由身体素质目标、形态机能目标、健身知识目标和心理健康目标构成。①身体素质目标要求发展与学生增进健康关系密切的身体素质，主要包括肌肉力量、柔韧性、协调性和有氧耐力等。②形态机能目标要求学生的人体组成成分、身体匀称性方面达到或接近较理想的标准和要求，发展有氧代谢能力、增强心血管系统机能和心肺功能。③健身知识目标要求学生掌握健身的原理与方法以及与健身有关的保健、养护和卫生等知识，为达到身体健康目标服务。④心理健康目标要求学生在体育教育中，自觉通过体育活动改善心理状态、克服心理障碍，运用适宜的方法调节自己的情绪，树立健康向上的自信心。

行为目标主要由运动参与和社会适应两方面构成。一方面是运动参与目标，体育最为显著的特点是通过身体运动来完成和实现课程的目的和任务。因此，课程的首要任务是培养学生对本课程的正确认识，培养学生参与体育锻炼的积极性，使他们能自主经常地参与锻炼，并能鼓励和带动周围的人一起锻炼，这是实现运动参与目标的前提。对于大学生来说，养成经常锻炼的良好习惯对于今后从事终身体育锻炼尤为重要。另一方面是社会适应目标，大学生通过体育教育及体育活动，可以培养合作能力、交往能力、适应能力，形成良好的人际关系和团队协作的精神，体育在这方面有着不可替代的功能与作用。

（三）实现评价主体多元化

目前世界各国教育评价逐步成为由教师、学生、家长、管理者共同参与的交互过程，这也是教育过程民主化、人性化的体现。在执行体育与健康课程标准过程中让学生参与评价本身就是一个进步，会极大推动学生自我教育、自我发展。同时师生相互沟通，易形成积极、友好和平等的评价关系，有利于教师对学生发展过程进行指导，帮助学生接受和认同评价结果，促进其不断改进，获得长远发展。在组织学生自评、互评过程中应将其上课出勤率、练习态度（主动参与、纪律、与同学合作关系）、自我发展提高的幅度以及技能掌握情况，作为评价主要内容。在操作过程中以班组长、体育委员为骨干，全体同学共同参与进行分析评价。其评价结果最具有真实性、准确性，也容易被学生所接受。

（四）注重量化与质性评价方法相结合

体育课程评价方法是课程评价的关键部分，每一项具体的评价内容都要通过适当可行的评价方法来实施。在体育课程中量化评价比较适合对体能和运动技能做出评价，但很难评价学生的学习态度、习惯养成、意志力、自信心与合作意识。量化的评价方法表面上看是较准确的，但它只能在一定程度上反映客观事实，因此，它不应该成为评价的唯一方法。量化评价方法主要是用来甄别和选拔，而高校体育课程将目标定位在增强学生身体、心理和社会适应等整体发展方面，仅仅采用量化的评价方法，显然不能反映学生达成学习目标的情况。质性评价是"发展性评价"的重要方法之一，强调对评价对象进行全面、深入、真实的观察，描述评价对象的特点与发展趋势。我国高校体育课程应采用量化与质性评价相结合的评价方法，衡量学生健康水平，既对个体学生的整体健康水平改善程度做出评价，又对个体学生进一步发展提出建议。这种评价可以是某一项目学习过程的评价，也可以是某一阶段性（一学期或一学年）学习过程的评价。因此，将量化与质性评价相结合能够激发学生学习、锻炼的积极性，激励学生更好的达到高校体育课程在各个学习领域的评价目标。

第二章 "理解教学"视角下的高校体育教学改革

我国当前正在进行的新一轮的基础教育课程改革，是我国进入 21 世纪以来在教育领域进行的一次重要创新和探索。2001 年 6 月，教育部印发了《基础教育课程改革纲要（试行）》，并颁布了各课程标准的实验稿。在此基础上，2002 年教育部又发布了《全国普通高等学校体育课程教学指导纲要》，提出了高校体育课程的运动参与、运动技能、身体健康、心理健康和社会适应五项目标，并明确界定了高校体育课程的性质："是实施素质教育和培养全面发展人才的重要途径。"新纲要提出的目标取向包括五个领域的内容，它取代了原有体育教学以技能学习为主的目标取向。

当前，我国普通高等学校体育教学主要采用的还是以传授技能为主的传统"传习式"教学方式。这种教学方式，使学生的个性难以得到发挥，主体地位得不到充分体现，师生互动不能很好地进行，容易导致学生体育意识淡薄，体育兴趣缺乏，学生上体育课只是为了应付考试，完成学分，而不是因为兴趣、爱好主动去提高自我锻炼的能力，培养终身体育态度和习惯。这种教学方式注重学生技能的学习，容易忽视对学生进行多方面的培养，使新纲要的多目标取向不能很好地实现。所以，高校体育教学应探寻一种新的教学方式，来适应教学改革的需要。

"理解教学"便是一种为适应我国新课程改革和现代教学理论发展应运而生的教学观念，它以"理解"为基础，强调"理解"在教学实践中的价值，注重对学生进行全面发展的培养。这种教学观念，无疑对促进我国高校体育教学的改革意义重大，它在高校体育（指公共体育）教学中的应用，有助于新纲要提出的目标取向的实现。所以，研究"理解教学"教育观在高校体育教学中的应用，可以为高校体育教学观念的变革提供一定的理论基础。

回顾我国当代学校体育教学改革的历程，经历了"增强体质""竞技体育""终身体育""健康教育"等诸多教学理念的转变，高校体育教学的改革更多注重教学模式的探讨和教学方法的创新，并在传统课程基础上进行内容的增减和顺序的调整。新纲要的颁布，对高等学校体育课程教学的改革提出了更高的要求，单纯的教学模式或教学方法的改革与创新，难以实现新纲要的教学目标。改变传统的教学方式，更新教育观念，是深化高校体育教学改革的现实需要。所以，研究以理解为核心的"理解教学"教育观在高校体育课程教学中的应用，对切实培养大学生的体育兴趣，激发大学生自主参与体育运动的意识，全面贯彻"健康第一"的体育教学指导思想，实现新纲要的各项目标有重要的现实意义。

第一节 "理解教学"理论研究

一、哲学解释学中的现代理解观

（一）理解理论的历史发展

谈到理解，不能不想到西方哲学解释学（又称诠释学或阐释学），解释学揭示的是人类精神活动的"理解"，所以，理解是解释学的核心问题。解释学起初既不被理解为科学，也不被理解为哲学，而是被理解为技巧，主要是解释书面文献的技巧。解释学被认为是一般的关于意义与理解的哲学，始于施莱尔马赫，他认为，"诠释学问题是因为浪漫派认识到理解和解释的内在统一才具有重要意义的。解释不是一种在理解之后的偶尔附加的行为，正相反，理解总是解释，解释是理解的表现形式。按照这种观点，进行解释的语言和概念同样也要被认为是理解的一种内在构成要素，因而语言的问题一般就从它的偶然边缘位置进入了哲学的中心。"其理论的发展，则出自狄尔泰，在狄尔泰那里，解释学被作为哲学取得了较为确定的形式。在狄尔泰看来，对历史、传统以及文本知识的理解并不只是为了获得作品的本意，而是为了在理解人类历史生活的基础上进行整体的自我认识和自我理解。狄尔泰毕生的努力就是将理解和解释确立为了一种精神科学的方法论，并认为它是整个人文科学方法论的基础，从而赋予了理解以生活方式的认识论的地位，这是解释学发展的一个里程碑。就像殷鼎先生所说的："从历史的洪荒时期就被视为是理智天然属性的理解，后来一直被哲学对理性的格外关心所淹没，终于在狄尔泰的哲学慧眼睿智中，跃居到认识论的显著地位。理解从理性的附庸，一下子成为整个人文科学的重镇，成为社会科学获取人的自我认识的方法论基础。"

狄尔泰虽然强调人对历史的理解，但他只是把理解视为人自我认识的工具。将解释学上升到本体论高度的，是海德格尔和他的学生伽达默尔。对海德格尔来说，理解本质上是作为"此在"的人的存在的基本方式和特征，虽然这种存在方式可以被认知，但它主要不是主客体间的认知关系，而是通过理解的人类存在，"此在"的理解展示了其存在意义。海德格尔认为："理解是存在论上最基本的行为，它先行于所有生存论行为；理解总是与存在统一在一起，并时刻联系到未来,从而揭示着人在不同领域内的具体可能性;理解就是解释,解释就是把理解中的筹划的多种可能性加以整理。"

伽达默尔继承了海德格尔关于解释学本体论的思想,并在深入探讨理解本体论基础上建立起了哲学解释学。他认为理解不是人类存在的孤立的活动,其现象遍及人和世界的一切关系,其过程发生在人类生活的各个方面,是生活经验的基本结构。他还认为"理解就是此在的存在方式""就是人类生命本身原始的存在特质"。并强调理解是有偏见的,它充满着张力,具有循环的结构特征。

当代法国解释学大师利科尔则不赞同这种跨越认识论和方法论而直接从本体论上展示存在意义的解释学研究方向,他认为"解释学是关于跟文本相关联的理解过程的理论。其主导思想是作为文本的话语的实现问题"。他在古典解释学、近代语言哲学和现象学等理论基础上,研究揭示了意义理解的具体机制。

(二)理解的内涵

理解作为解释学的基本问题和核心概念,从古典解释学到哲学解释学,都有不同的回答。分析后发现,理解无非有两种含义:"理解是指揣摩、体会和把握文本作者的原意;理解是指新意义的生成。"这两种含义中,前者主要是以施莱尔马赫和狄尔泰为代表的"复原说",后者则是以海德格尔和伽达默尔为代表的"意义创生说"。

《辞海》对理解的解释是"应用已有知识揭露事物之间的联系而认识新事物的过程"。这里的理解被视为一种理性的认识活动,是一种认识的工具,是通常意义上的理解。

我国当代研究理解理论的学者则认为,理解是人所特有的一种非常复杂的精神活动现象,是可以从不同的角度做出解释:根据语境论与"时"论,理解就是"以心会心"。以心会心之所以可能,其根据是理解者与被理解者之"心"在本质层次上的可相一致。在具体的理解活动中,理解者与被理解者的理解能力或层次是否一致,决定了事实上的理解和误解。通常来说,一个人只有先了解自己,才能理解他人。"真正地理解就是既能理解别人的理解,也能理解别人的不理解。"

现实教育的理解大致有三层意思:认知性的理解,即把理解作为认识手段。感情性的理解,即对他人表现怜悯和仁慈。行为性理解,即把理解当作为自己不当言行进行辩护的理由,要求他人谅解自己或提供行动上的方便。

理解是人的基本存在方式,在人类的现实生活中,理解无处不在,无时不有。"理解渗透在人的生活的各个层面,因为理解是人生的根本方式。""人的存在是理解的存在,人的生活是理解的生活,理解出现在人生的各个时刻。只要人存在,人就在理解着存在的意义。"

所以,理解应是人们在实际生活中,运用已有的知识来认识事物,并生成新视界、新意义的过程。生活实际上就是一种不停地理解活动，人类文化都是理解的结果。

二、理解教学的本质

（一）理解教学的界定

"理解教学"是近几年提出的一种新的教学观念，其含义的探讨，目前在我国学术界可以说方兴未艾，它的提出，是相对于以"科学认识论"为基础的"掌握科学"教育观下的传统认识论教学而言的，属于"理解教育"的一个下位概念。

"理解教学"教育观强调理解在教学实践活动中的价值，其基础是当代理解观在具体教学活动中的应用。当代理解观既接受了理解的一般意义，也吸纳了当代哲学解释学关于理解的见解。其"理解"被认为是"处于特定教育世界中的师生与理解对象沟通，在感情、认知与行为上筹划并实现生命可能性。"

对于"理解教学"的概念的界定，不同学者有不尽相同的看法。国外有学者认为，"理解教学"是指"把新知识和原有知识结合起来帮助学生建构相关的知识网络"的教学形态。

国内有教育学者认为，"理解（性）教学是指教学人员借助一定的教学条件在相互理解与自我理解的同时使自己的生命意义更好地实现的过程，它以理解价值观和生活世界观为基础。"

国内也有学者认为，"理解（性）教学是以引导师生通过相互理解，发展学生知识、技能和丰富情感，最终达成师生的生命意义的表达。"

国内也有学者认为，"理解教学，指教师和学生在相互理解、理解自我以及理解文本的同时不断发展自己，以提高自身素养和生命意义的教学实践活动。"

国内还有学者认为，"理解（性）教学是指这样一种教学形态、在平等、信任和融洽的教学氛围中，教师、学生、教材文本和教学环境之间通过交往活动和对话等形式而生成的'课程事件'，理解教学意义，实现人生意义建构和提升。"

理解是理解教学活动中的重要因素，这里的"理解"不只是局限于学生对文本知识的理解，而是拓展到了学生与教师的相互理解，学生与学生间的相互理解以及各自的自我理解，这种理解可以帮助学生和教师更好地理解自己和他人，帮助他们筹划并实现生命的多种可能性使理解主体更好地理解人生的价值与意义，回到人的感情的、具体的、现实的、流动的生活中，使教育真正地指导人生，真正地培养人的精神，真正地提高教育教学质量。

我们认为，理解教学是指一种以理解为基础，在教学实践中强调师生的有效交流与对话，注重引导师生在相互理解中不断发展知识、技能和情感，使师生的生命意义不断提升的教学形态。它关注师生的共同发展，是一种开放式的教学方式。

（二）理解教学的主要特点

"理解教学"是以"存在论"为基础的教学方式，它认为理解与教学有着密切的关系，理解是联结教育与个体精神的根本方式。同时，把教学看成是理解的过程，揭示了教学的本真意义。所以教学过程实际上就是一个理解的过程。对于"理解教学"的基本特点，国内各位学者做了一定的研究，主要有以下几个方面。

1."理解教学"是以理解为教学目的，关注人的完整性

以存在论为理论基础的"理解教学"，其教学过程是理解过程而非认识过程。在具体的教学实践中，强调理解的重要价值，它把理解作为一种人的存在方式，认为人的教育活动是师生在借助一定的教学条件，进行的相互理解、理解自我、理解文本的基础上，使生命意义得到更好实现的过程。因为理解的存在，所以教学中，"学生在同知识、同教师的相遇中便达到同对方自身所蕴藏的思想、情感、意志和人格力量的沟通，并在相互作用下发生视域融合，形成新的思想、新的精神世界，丰富学生的主体人格，使学生体悟到人生的意义和价值，成为一个精神充实、人格完满的人。"由此可见，"理解教学"是一种使人生得到丰富，培养完整人地教学。

2."理解教学"关注学生的生活世界，具有明显的生活性特点

教师和学生的生活经验是教学理解的前提和基础，"生活世界是教学最丰富的源泉，教学只有扎根于学生的生活和经验，才能发挥自己的效能。"以认识论为理论基础的传统教学强调教师对科学知识的传授，学生只是一味地去努力掌握科学知识，从而脱离了生活和经验，显得呆板而没有生机。在"理解教学"看来，教学本身就是一种生活形式，教学的理解事实上就是师生对生活的理解，教学的目的是对学生的生活进行引导，使他们形成正确的世界观、人生观，成为一个懂得生活、富有情感、理解生命意义的人。

3."理解教学"是生成性的视域融合

"理解教学"不赞同传统认识论教学过于关注教学的预设性，认为教学应在理解中为了理解而进行，它是一个动态生成的开放式系统。现代理解观认为，理解的任务就是使理解者的视界与理解对象的历史视界相互融合，从而创生一个理解者的新视界。在教学活动中，学生的学习是以学生的现有视界为出发点，"在教师、学生和文本的多向互动中，互动双方不断产生'视域融合'"，从而形成学生新的视界，创生新的意义世界。这个新的意义世界是原有视界的超越，是新经验和理解的生成，它实现了学生自我的理解和精神的生长。

4."理解教学"提倡平等交往和对话的新型师生关系

在以认识论为基础的传统教学中，师生关系是对象性的主客关系，其中主体与客体是对立的，是支配与被支配、占有与被占有的关系，这种关系不利于师

生之间形成有效地交流、沟通和理解，容易使教学中充满误解和情绪对立，直接影响到教学质量的提高。"理解教学"则不然，它提倡建立在理解基础上的平等交往和对话的关系。对话是教学交往的主要形式，平等是实现真正有效对话的前提，它认为"只有在平等对话的交往过程中，师生双方才能自由的思考、想象；只有不断地经由思考的发问、表达和应答中，各自的经验才能相互碰撞；也只有在对话的过程中，师生的经验、知识、价值、思想、情感、态度等才能彰显。"由此，教学世界变得富有生机和活力，理解的展开和达成得到实现。所以，建立新型的平等交往和对话的师生关系是"理解教学"的主要特点。

5."理解教学"关注师生的共同发展

传统认识论教学以学生的发展为中心，忽视了教师的生存发展，它所传授的教学内容是预设的、标准化的、缺乏活力和创造性，显得僵化而没有乐趣。这样的教学，枯燥无味，容易使学生产生厌倦，使师生的主动性和积极性不能得到发挥。"理解教学"中的理解，在教学实践中可以很好地把师生联系在一起，让师生在理解的基础上进行平等的交流和对话，并实现他们的人格相遇、精神交往以及心灵的理解。"理解教学"的以理解为教学目的的开放式特点，给教师的素质提出了更高的要求，教师只有在教学实践中不断地完善自己，追求创新，才能适应其教学的要求。有学者认为，"理解教学"是"以理解为教学目的，实现教学人员生命意义的多种可能性"，它可以"培养教学人员善解人意的素质，使主体性与主体间性协调起来"，这里就体现了对师生共同发展的关注。所以，"理解教学"在注重学生发展的同时，也关注了教师的发展。

三、高校体育理解教学的内涵

（一）对体育的理解

体育的内涵极其丰富，就人们从事体育的目的来说，分为健身性的、健美性的、竞技性的、娱乐性和探险性等多种，体育的作用因人们的需求不同而不一样。但总体来说，身体活动是体育的基本手段，所以，身体运动应是体育的本质属性，其目的则是人们通过体育运动来表现或增强自身的身体机能。

体育，首先是一个教育的概念，它是通过身体活动来培养人的身体的教育，其目的是发展人的身体，陶冶人的性格，培养人的社会性和个性，它是一种教育实践活动。其次，体育应是一种文化现象，一种人类针对自身所创造的身体运动文化。体育作为一种社会文化现象，之所以长期存在于人类社会，是其经济、政治、社会等功能所决定的。体育可以展示一个人、一个民族、一个国家的整体素质，"在培养良好的社会文化环境，为广大青少年营造健康向上的积极的生活方式等方面发挥着其他形式所不可替代的作用"。最后，体育也是人类的一种内在需求,在现实生活中,通过体育往往可以实现人获得尊重、自我实现以及社交等生存需要,丰富人生意义。所以,人生离不开体育,人的发展是体育发展规划的终极目标。

(二)高校体育教学的价值追求

高校体育教学是一种以高校体育课程内容为中介,以大学生身体实际参与为特征的师生双边活动。从某种意义来说,高校体育教学的过程就是一个体育教学价值追求的过程。高校体育教学的价值定位主要有以下几个方面。

首先,教学必须以促进学生的全面素质发展为目标。

现代教育理念认为,学校教育的目的在于帮助学生建立良好的素质结构。作为学校教育的一个重要组成部分,高校体育教学也必须使学生在对知识、能力、品格及方法的需求上得到满足,通过体育实践活动的参与来锻炼身体,培养团结协作、善于交往和解决实际问题的能力,使其情感、意志和竞争意识等品质得到熏陶,促使其全面发展。

其次,要关注学生的个性发展,培养学生的终身体育态度和能力。

体育是生命的动力,它既作用于身体,又作用于精神,有益人的身心。人的一生离不开体育,人的体质和健康水平的提高,需要长期地、科学自觉地进行体育锻炼,才能产生满意的效果。这就需要人们有长期坚持体育锻炼的态度和习惯,掌握科学的体育锻炼方法,即具有终身体育态度和能力。高校体育教学应侧重培养学生这方面的能力,使体育与学生的人生密切相关,并产生积极的人生效应。

最后,高校体育教学要促进学生的社会化进程。

众所周知,体育教学对促进学生个性发展,培养竞争意识和规范意识,发展学生的自主性和道德判断能力,养成良好的生活习惯有着重要的作用,这些对大学生从自然人向社会人发展意义重大。所以,高校体育教学应注重在这方面对学生进行培养,以帮助他们毕业后能更好地适应社会,成为一位真正的社会人。

(三)高校体育理解教学的内涵

"理解教学"是一种以当代理解观为基础,通过师生的相互理解与自我理解来发展知识技能,使师生情感得到丰富,人生意义不断提升的教学形态。它是一种新的教育观念,有助于我国新课程改革的顺利实施。

高校体育理解教学,实际上就是"理解教学"教育观在高校体育教学中的应用,它认同"理解教学"的一般理念,但又因高校体育的课程性质、教学价值取向的特性而有其自身的含义。因此,对高校体育理解教学的理解可做如下表述:它是一种以理解为基础,强调教学过程中师生在相互理解、相互尊重的前提下进行有效交流与对话,注重引导学生对体育课程内容的思考和对体育内涵的领悟,以实现其终身体育意识的养成、体育能力的培养及师生生命意义的教学形态。

高校体育理解教学把教师和学生看作为理解的主体,它强调的理解包括对人的理解和对体育课程内容的理解,它既是师生间、生生间和师师间的理解,也是他们各自的自我理解,这种理解有助于主体间的相互帮助和取长补短,有助于培养学生宽容、善解人意的品质,更有助于师生间的真诚交流和对话,实现教学过程中师生间真正意义上的互动。

因此,理解可以促使教师和学生更好地理解自己和他人,更好地理解体育课程内容,更好地理解人生的价值和意义,帮助他们实现生命的意义。

第二节　高校体育教学的理论思考

一、高校体育理解教学的理论依据

高校体育理解教学关注师生间的理解本质、过程以及对体育课程的思考与领悟,其发生的理论基础包括哲学、社会学和心理学等内容。

(一) 人文主义和解释学为高校体育理解教学提供了哲学基础

人文主义是文化学上的一个概念,它提倡以人为中心,提倡人性和人道,强调个人的正当利益和正当欲望。作为人文主义哲学的主要代表——存在主义,它充分肯定人的自觉能动作用,强调人的个性化发展,提倡弘扬人的主体意识。高校体育理解教学认为,教师和学生都是教学活动的主体,教学过程中强调以人为本,肯定学生的自我意识,注重学生的个性化发展;就是以人的存在为逻辑起点,以人文主义哲学关注人的主体性,以重视对人的人文关怀为理论基础的体育教学。人文主义哲学对高校体育理解教学理论的形成和实践具有积极的影响。

哲学解释学的根本问题是理解问题,它认为一切认识的过程,都是理解的发生和完成的过程。研究理解,最终是为了理解人类的生活,并以此来引导人们进行有意义的生活实践。高校体育理解教学在引导学生对体育课程内容的思考和对体育内涵领悟的基础上,旨在帮助学生更好、更深刻地认识体育、理解体育,进而有意识地实践体育,最终达到陶冶情操、优化性格、调节身心、增进健康的目的。由此可见,哲学解释学为高校体育理解教学的形成提供了又一哲学理论支撑。

(二) 高校体育理解教学的社会学基础

高校体育理解教学的社会学理论基础主要有理解社会学和交往行为理论。

理解社会学最初是由德国社会学家马克斯·韦伯提出的一种社会学理论,移情、理解、价值判断及选择是研究者主要的研究方向。他认为对社会行为和事件的分析应立足于主体间的交流与理解的基础之上，只有"设身处地""深度参与"各种社会行为和社会问题，研究者方可得出或揭示社会事件的社会学意义。学校是社会的一种存在形式，作为学校开展教学活动的主要场所——课堂，则是一个小型社会，课堂中的师生行为、课程事件以及问题的发生、发展和处理，都需要师生的思考、分析和理解。理解社会学理论对研究理解型的课堂教学提供了一种新的研究思路和思考范式。

哈贝马斯提出的交往行为理论认为，交往行为的方式和理念是反思性的，交往理解的达成有赖于交往双方各自具有的、相互认可的理解预期，教学理解是以共识的手段去达到创造和生成的目的，其结果旨在实现互动双方共同追求的理解目标。就目前我国高校体育课堂教学的实际而言，师生交往和生生交往仍是课堂教学中最主要的人际交往及理解方式，从交往行为理论的视角来关注高校体育课堂教学实践，有利于创造和谐的课堂教学气氛，有利于减少师生和生生沟通中产生的误解，实现教学效果最优化。

（三）高校体育理解教学的心理学基础

高校体育理解教学的研究得到了相应心理学理论的支持，这些理论主要有人本主义心理学和接受理论。

以马斯洛和罗杰斯为代表的人本主义心理学的研究对象是人的内在心灵和体验。马斯洛的需求层次理论中人的归属和爱的需要、尊重需要、认知需要以及自我实现为高校体育理解教学的教学理论奠定了参照基础，其自我实现理论中育人过程的体验生活、表现自我、展示自我，到最后的发现自己的天性，并内化为个性的自我实现途径，为高校体育理解教学的目标和教学途径选择提供了心理学依据。

罗杰斯认为，人本主义教学的宗旨是培养能够适应各种变化并知道如何学习的人，其人格的表现包括创造性、建设性、有责任心和行为合理等。同时，他认为人的学习不是被动的，而应建构有意义的学习，所以教师在教学中要以学生的学习为核心，教师应充分信任学生，真诚对待学生，尊重学生的个人经验，理解学生的内心世界。这些思想，对高校体育理解教学的实践和理论探讨提供了非常有益的启示。

接受理论的提出是在20世纪70年代，其主要代表人物是德国的汉·尧斯和沃·伊泽尔。接受理论认为，主体间理解和接受的达成依赖于理解双方各自期望的逐渐接近和统一，最终实现主体间的"视界融合"。接受理论提倡教师和学生共同对授课知识、教学目标、学习策略等进行讨论和确定，以增进师生间的互信和互相尊重，建立起教学的"视界"一致性。高校体育理解教学应冲破传统教学方法的束缚，借鉴接受理论的思想，以求探寻一种新的教学方式。

二、传统"传习式"体育教学的研究

长期以来,我国高等学校的体育教学主要采用的是以传授运动技术为主的"传习式"教学方式,它注重的是学生对体育运动技能的掌握。学生在学习过程中通过反复的练习来"初步掌握""熟练掌握""牢固掌握"各项运动的动作技术,在此基础上不断提高运动成绩,并把运动成绩的提高作为教学的终极目标。这种教学方式容易忽视学生的主体性,师生之间因缺乏沟通和理解而难以共享、共创教学活动,在现实面前,其教学目的容易被扭曲或异化,师生的潜能不能得到很好的开发。同时,它对教学内容的规定死板,较少考虑学生的体育需要、体育基础和情感体验,过分强调课堂结构,从形式和内容上突出基本部分的作用,而忽视其他部分的教育和培养功能。在教学实践中,教师被动地接受课程设计者所选定的教学内容,教师的主观能动性和创造性不能得到很好地发挥;而学生在学习的过程中,只能被动地接受教师"传输"的知识,没有选择,学习的主动性和积极性得不到提高,学习效果差,结果导致学生喜欢体育运动,却不喜欢上体育课。这种体育教学方式不利于新时期高校体育教学的发展,其表现为以下几方面。

首先,难以适应现代大学生的心理和生理发展需要。

当代大学生大部分为独生子女,成长条件优越。他们好奇心强,乐于接受新鲜事物;他们思维敏捷,活泼好动,每个人都有争取成功的高度愿望。虽然他们喜爱体育运动,但却不愿参加剧烈或难度较大的体育活动,更不愿意在实践活动中受到太多的束缚,再加上其成长环境优越,克服困难的意志品质较弱,这就给体育教学的有效开展带来了很多困难。同时,他们的个性和自我意识较强,一切以"自我"为中心,这就需要教师多跟学生交流和沟通,以化解师生之间的隔阂消除对立情绪。"传习式"体育教学强调以教师为中心,教师对学生的许多行为具有强制性要求,学生只有被动地接受,这与当代大学生的心理和生理发展不相适应,势必影响教学工作的开展。

其次,不能很好地实现新纲要提出的教学目标。

教育部新发布的《全国普通高等学校体育课程教学指导纲要》提出了高校体育课程的运动参与、运动技能、身体健康、心理健康以及社会适应五项目标要求。从这五项目标要求可以看出,高等学校体育课程不再只是让学生学习运动技能,参与体育运动,增强体质,更重要的是要把学习和锻炼的方法传授给学生,让他们掌握正确的方法,借助于体育运动,通过身心教育来培养学生良好的道德品质和行为规范,发展人际关系,培养其理解和认识事物的能力,并帮助其掌握对美的正确认识和理解。同时还要重视学生的个性发展,鼓励学生强化个人的兴趣爱好,在此基础上逐渐培养终身体育意识和习惯,以促进学校体育与终身体育相衔接。而"传习式"体育教学,片面强调了身体锻炼,忽视了对学生的全面培养和教育，这难以实现新纲要所提出的教学目标。

总之，在当前以学生发展为中心，重视学生的主体性地位，关注个体差异与不同需求，确保使每个学生受益的"以人为本"的教育理念下，传统的"传习式"教学方式已难以适应这一教育的要求，这是我国社会发展和素质教育目标所决定的。

三、高校体育理解教学的意义

理解是人最基本的存在方式，它与人生紧密相连。伽达默尔认为："理解现象遍及人和世界的一切关系。理解的过程发生在人类生活的一切方面，是整个人类经验的基础。"作为人生重要组成部分的学校教育，自然也就离不开理解。高校体育理解教学认为，理解是教育的根本活动，在教育中学生应学会理解生活、理解生命、理解人生的意义，高校体育理解教学提倡教学应与学生的生活、经验以及人生相统一，关注学生和教师的共同发展，是一种开放式的教学形态。具体说来，它有如下现实意义。

（一）改变了传统的教学方式，适应了新纲要的教学要求

新纲要提出的课程目标不再只是增强体质和发展运动能力，而是把培养学生终身体育习惯、良好的心理品质以及帮助学生形成积极进取、乐观开朗的生活态度和健康的生活方式等纳入其课程目标内，使其学习的领域目标更为宽广。传统的体育教学方式，已难以适应新课程标准的教学要求，很难实现新纲要的目标。高校体育理解教学则不然，它讲究灵活多样的教学方法，提倡师生之间平等对话与交流的多边互动活动，肯定学生的主体性地位，给学生无限的自主发展空间，最大限度的发挥学生的创造性；它关注大学生的个体差异和不同需求，帮助学生学会学习，认为学生"学会学习"比学生"学到什么"更为重要。所以，教师在教学中应鼓励学生积极参与实践活动，要善于设疑、勤于思考，使学生发现问题、解决问题的能力不断提高。

（二）关注学生精神世界的成长，使学生的人性更为丰富

高校体育理解教学以存在论为基础，其理解不仅包括人与人之间的相互理解，也包括自我理解。它关注学生的精神世界，强调在不断地理解中，促使学生"完人"的发展。它以人的发展为根本目的，认为师生在教学中应领悟生活，不断地更新自己的人生经验，发展更为丰富的生活内涵。所以，在它看来，生活、经验和人生应是统一的，教学就是要引导学生去体验有意义的生活和人生。在高校体育理解教学中，"学生从自己的现实视界出发，把原先不属于自我理解范围内的新世界的经验，在自我理解中据为己有，一种新的经验进入到学生的视界，

从而扩大了学生的人生经验，拓宽了学生的人生境界，丰富了学生的精神世界。"从而使学生精神更为丰富，人格逐渐走向完整。

（三）要求师生相互尊重和理解，促进了和谐师生关系的建立

高校体育理解教学倡导师生间以及学生间的平等对话和交流，并认为师生间不再是主客体之间的关系，而是"我—你"的主体间关系。它要求师生相互尊重、信任和理解，使师生在理解和对话中获得知识的丰富和精神的成长。这种民主平等的师生关系观，有助于实现师生真正意义上的沟通和交流，并从中得到积极的情感体验。由此，和谐的师生关系就可以建立，和谐、热烈的课堂氛围就可以形成，学生的学习兴趣和热情就会得到激发，学习效果和教学效果就会得到提高。

（四）注重学生体育人文知识的学习，使学生更好地理解体育

高校体育理解教学重视学生终身体育意识的培养，帮助学生树立终身体育观念，使学生在今后的学习、工作环境中，能够根据自身条件，自主选择锻炼内容，并运用科学、有效的体育手段，进行身体锻炼和娱乐。终身体育意识的增强，重在培育学生对体育运动的爱好和兴趣，重在加强学生对体育人文知识的学习，使其对体育锻炼的基本知识、体育的健身和娱乐价值、体育的内涵等有较全面的了解，对体育有更好的认识。

四、高校体育理解教学的基本要求

与传统体育教学不同，高校体育理解教学关注的是师生之间相互理解的本质和过程，它是师生在相互理解、自我理解、知识理解以及不断的反思中，发展自己，使自己的体育习惯、健康意识、生活体验和生命意义得到更好的实现，其基本要求主要有以下几点。

（一）以理解为目的，关注师生的共同发展

传统以认识论为理论基础的教学实践活动注重于理智性的、概念性的知识分析，缺少对生活世界中各种价值的感受和领悟，它只能培养片面发展的人。高校体育理解教学认为教学过程实际上就是理解的过程，它把理解作为学生学习生活的发生进行过程，所以，教学中蕴藏着学生同体育知识以及师生间的思想、情感、意志、品质、人格的交流和沟通，并在交互中理解，从而使学生的视界得到扩展，学生对体育的内涵和价值得到领悟，精神得到充实，人格得到升华。同时，高校体育理解教学给予教师极大的自主权，它属于一种开放式的教学形态，在这一教学中，教师的创造性易于得到发挥，教学热情容易得到激发，这样教师较容易体验到教学的乐趣和成就感。另外，理解可以把师生友好地联系在一起，实现师生

间精神的交往以及心灵的彼此理解,由此,教师在教学实践中的发展也就得到了关注。因此,高校体育理解教学关注师生的共同发展,它是以理解为目的的教学。

(二)倡导民主、和谐、平等交往与对话的师生关系

师生关系是教育教学活动中最重要的人际关系,对教学具有重要的作用,它可以左右教学过程,决定教学效果。有研究者认为:学生往往会因为喜欢某位教师而喜欢上其相应的课程,学生有了兴趣、动力,学习的效果自然就会好。统计数据表明,师生关系与学生学习成绩显著相关。同时,师生关系对学生的个性成长影响很大,实践中,学生的世界观、人生观、价值观往往会在同教师的交往过程中形成或改变,这对其人格的发展、社会观念和交往能力的形成都具有重要的作用。所以,建立良好的师生关系,有助于教育教学活动的开展,并取得好的效果。高校体育理解教学重视师生关系的建设,倡导建立民主、和谐、平等交往与对话的师生关系,它以"师生之间的相互尊重、信任和平等为基础",强调师生在平等的基础上进行交流和对话,并在理解中实现彼此的视界融合。这种交往和对话关系注重真诚性和深层次性,有助于师生进行精神层面的平等交流和沟通,使师生在对话中体会到积极的情感体验。同时,也有利于化解师生间的矛盾和隔阂,使师生关系富有生机和活力,促使教学工作取得良好的效果。

(三)关注生活、理解健康

生活是人生的过程和体验,它是一种有意识的生命创造活动。教育教学活动只有深入学生的生活和经验,才能发挥最好的效能。"教育必须从人的现实生活出发,对人的生活世界、生活问题、生活关系、生活意义进行理解,形成对现实的价值透视或意义洞察,探询有效的教育引导方式,这样才能对学生进行意义引导。"健康不仅是指没有疾病和不虚弱,还包括在身体、心理和社会适应等各方面都具有的良好状态。人的健康是人创造有意义人生的基础,而体育是促进人的健康的重要手段。高校体育理解教学关注学生的生活世界,强调学生在体育知识的增长、技能掌握的同时,更要追求对体育文化、体育价值以及健康的理解。所以,高校体育课程应生活化,教学实践活动重在培养学生的综合实践能力、社会责任感、合作和竞争意识,团队精神和健康意识,并努力使学生学会通过体育活动的参与来调节自己的情绪状态,增强自尊和自信,形成坚强的意志品质。其教学对生活的引导,意在促使他们形成正确的世界观、人生观和丰富的人生情感,以帮助他们更好地认识社会和适应社会。

(四)强调学生的个性发展,重视终身体育意识的培养

关注学生的个性发展是我国素质教育的基本要求,也是理解型体育教学的主

要特点，它有助于更好地理解学生、关心学生，使学生的主体地位得到体现，自主学习意识、学习兴趣得到提高。终身体育意识是指一个人终身接受体育教育和从事体育锻炼，保持身体健康，身心愉快并终身受益的思想意识。这种意识的养成有助于人们自觉地参与体育锻炼，提高自身素质，充实人生生活，从而实现体育运动对人类和社会发展的巨大功能。终身体育的观点认为，体育将持续人的一生，并作用于人的一生，通过体育可以调节人的情感、生活，使人拥有积极的人生态度，健康的生活方式，使人的生活质量得到提高。高校体育理解教学以理解为基础，充分注意到学生在身体条件、兴趣爱好以及运动技能等方面的个性差异，强调应根据学生的差异性来确定学习目标和评价方法，以满足不同学生的自我发展需要。同时，它还注重引导学生对体育内涵的领悟、体育兴趣的激发，以此来培养学生的终身体育意识，并在此基础上，使学生的体育健康意识延伸为终身体育习惯，从而促进学校体育及教育与终身体育意识相衔接。

第三节 "理解教学"教育观对大学体育教学改革的启示

一、"理解教学"视野下的高校体育教学的内容观

（一）从理解的生活性看高校体育的教学内容

理解是人的存在方式，人的一切活动都是在不断地理解中完成的。"离开了理解，人生顿时成为一片思想的荒原，没有任何人生意义会在这片荒原上生长起来。"生活是人生的过程和体验，它强调有意识的生命创造。人的教育生活是一个人一生中重要组成部分，在现实教育中，我们应让学生在学习中学会理解生活、理解生命和人生的意义。现代理解观中的理解，强调过程，重视实际的生活经验，关注人的生活世界。高校体育教育作为人生教育的一个重要组成部分，其课程内容的设置应多考虑学生的现实生活世界，使学生在学习中体会到运动技术知识所具有的本真价值和意义，从而丰富其人生生活。"在理解教学看来，教学作为一种人为而又为人的活动，是发生在师生之间的生活中，是师生的一种存在和生活方式。因此，教学是向学生的生活世界开放的，学生的生活经验和体验构成了教学文本的重要内容。"所以高校体育教学的内容应遵循学生的生活逻辑，以学生的现实生活为源泉和基础，这样才能更好地被学生所理解。

（二）教学内容的选择应理解学生的实际需求

高校体育课程的教学内容是在教材文本的基础上强调现实性和生动性，是在教学过程中产生的。"从教材内容到教学内容，这两者之间存在着一大片开阔地

带，教师可以充分地进行再创造。"

视野下高校体育课程教学内容的选择，应当是教师在充分了解学生、理解学生的实际需求的基础上，根据学校体育教学环境的实际情况，选择有利于学生全面发展的具体内容。同时，"理解教学"视野下的高校体育教学倡导学生在掌握体育的基础上更好地理解体育知识，所以教学应重视对学生进行体育文化教育，使学生对体育的内涵、价值等有全面的理解，在教学内容的选择上，体育的人文知识应当得到加强。

"理解教学"视野下的理解学生的实际需求，一方面体现在应重视学生自我的体育主观需要，其主要表现在学生对体育课程学习的兴趣和要求上。体育是一种有意识的、主动的并且在兴趣的引导下，通过身体活动来达到身心锻炼的互动过程。实践证明，学生学习体育的热情是基于体育的价值和学生的个人主观愿望的建构活动，学生学习体育的动机则源于学生认为体育有用，并以此来丰富自身、提高自身和发展自身的一种内在需求。不同的教学内容对学生体育兴趣的形成和发展有着不同的影响和作用，一般来说，越能满足学生直接体育需要的教学内容，就越有助于激发学生的体育学习兴趣。具体来讲，趣味性、娱乐性以及竞争性强的教学内容，更能吸引学生参与体育学习和实践活动。所以，理解视野下的高校体育教学内容的选择必须要遵循大学生的身心发展规律和兴趣爱好来设计，以满足不同学生的不同需求。同时教师应扩大学生对体育学习内容选择的自主权，扩大学生自主学习体育的自由度，以此来激发学生的体育学习兴趣，这样能更好地帮助大学生发展个性、培养体育能力，养成终身体育意识。

"理解教学"视野下的理解学生的实际需求，另一方面体现在国家对当代大学生素质培养的客观需求上。教育部曾下发的《关于加强普通高等学校大学生心理健康教育工作意见》中明确指出："要培养学生坚忍不拔的意志品质和艰苦奋斗的精神，提高承受和应对挫折的能力以及社会活动的适应能力。"这就要求我们在选择教学内容上不能只一味地迎合学生的兴趣而忽略对其进行身体素质培养，应重视学生运动技能的学习，并努力帮助学生在技能学习过程中培养多种兴趣。这样，有助于引导学生长期的、相对稳定的间接兴趣的培养，从而扩大学生体育学习的知识面、参与面，促进大学生体育价值观的形成。

二、"理解教学"视野下的高校体育教学的环境观

"所谓环境是指主体周围与主体密切相关的一切要素构成的体系。""理解教学"教育观下的高校体育教学，其教学活动必须是在一定的教学环境中进行的，受到诸多校园环境因素的影响，这些环境因素制约着教学活动的开展。"理解教学"视野下的高校体育教学，受到与其密切相关的体育教师素质、学生的理解与沟通能力、教学环境的优化等各类环境因素的影响。

（一）"理解教学"视野下的高校体育教学对体育教师的素质提出了要求

"理解教学"作为一种新的教育观念，是现代教学理论的创新发展，顺应了我国新课程改革的发展要求。"理解教学"视野下的高校体育教学，对高校体育教师的自身素质提出了新的要求。

首先，高校体育教师应全面深刻地掌握"理解教学"理论。

"理解教学"是从存在论的视角，把教学过程看成一个理解的过程，它是一种开放性的教学，在课堂上给予学生无限的自我发展空间。高校体育课程实践"理解教学"理论，其目的是实现大学生从掌握体育到理解体育，从而真正养成终身体育的意识，让体育贯穿于人生的不同时期，提高生活质量。高校体育教师只有全面理解了"理解教学"，并使其内化为自己的一种教学观念，其教学实践才能取得成功。教师在具体的体育教学中应强调以学生的自身发展为目的，强调学生的个性发展，在关心学生的学习成绩的同时，应更多关注其未来的学习能力和发展潜力。

其次，对高校体育教师的专业素质提出了更高的要求。

"理解教学"重在使学生"学会理解生活，理解生命及人生的意义"。理解视野下的高校体育教学，教师不再只是知识的传授者，更重要的是学生学习的参与者、促进者和指导者，教师应善于设计和创造课程内容，善于将新的知识和研究成果运用到具体的教学中，充实教学内容，并能把知识内化到学生的个体生命中，对学生的生存和发展起到积极作用。当代大学生思想活跃，兴趣广泛，不同的学生有不同的兴趣，对体育的理解和追求也不尽相同，在"理解教学"这种开放式的教学中，对体育教师的思想素养、专业知识、专业技能、文化素养及创新能力的要求也越来越高。高校体育教师只有不断完善自己的知识结构，树立终身学习的求知意识，努力使自己成为一名博学的教育工作者，才能使自己的教学过程得心应手，常教常新，最终赢得学生的信任和认可。

最后，高校体育教师应具有高尚的教师人格和强烈的教师责任感。

人格是人们在社会生活中通过自身的言、行、情、态所表现出来的人的品位和格调。教师人格是指教师应具备的优良的情感意志结构、合理的智能结构、稳定的道德意识和个体内在的行为倾向性。"理解教学"以存在论为理解基础，注重人本意识，关注学生的精神世界成长，重视人性的成长。教师高尚的人格魅力对学生心灵的影响深刻久远，对学生精神世界的发展会产生重要的作用。优秀高校体育教师的人格魅力可以引领大学生对体育的学习产生浓厚兴趣，激发学生的体育参与热情，帮助大学生更全面地理解体育，为高校体育教学目标的全面实现提供可能。

真正的教师责任是一种完全自愿的行动，是对学生需要所表达的反应。教师有责任感意味着其有能力并对学生的需要采取行动，尤其指关注学生的精神需要。"理解教学"视野下的高校体育教学，是在充分尊重、关爱和理解学生的基础上，通过教学过程中师生间的有效沟通与对话，来引发大学生对体育课程内容的思考，促使其在掌握体育课程内容的过程中理解体育。要成功实现这一教学目标，高校体育教师必须具有强烈的责任心，必须付出更多的劳动和心血，来设计教学内容，创设课堂情境，尊重学生的差异发展，为学生提供有趣或有意义的学习环境，帮助学生在学习中获得自信和成功。

（二）"理解教学"视野下的高校体育教学对大学生的素质要求

"理解教学"视野下的高校体育教学提倡新型的平等对话与交往的师生关系。学生是作为学习的主体存在于教学过程中，并且是影响其实施效果的重要因素。

首先，大学生人文素质的高低直接影响着高校体育教学的质量。

人文素质是指人们后天形成的关于人类各种文化现象方面的素质，是人的素质结构中高级形态的层次，体现的是人的内在精神与价值意识，是人的相对稳定的内在品质。其外显为人的理想志向、道德情操、文化修养、思维方式、言谈举止和行为方式等。人文素质是一个人整体素质的主要组成部分，人文素质较高的人，对事物的看法和理解深刻而全面，有助于帮助其产生正确的认识。通常来说，人文素质高的大学生更善于从精神方面和社会文化历史的角度去理解他人和事物，他们的这种理解有助于使其深层次地获得对体育的认识，更好地理解体育的内涵，自觉参与体育实践。在此基础上实施的高校体育教学，容易产生理想的教学效果。

其次，大学生理解与沟通能力的培养是高校体育理解教学有效实施的关键。

教学活动是教师的教与学生的学的一种双边活动。理解视野下的高校体育教学认为，学生是学习的主体，师生是在对话与交往中通过理解教学内容，理解自我、理解他人来领悟体育知识的意义和价值，拓展自己的人生境界，建立新的生命意义。理解在大学生的发展过程中起着重要的作用，师生沟通是实现师生对话与交往关系的前提，师生只有不断地进行沟通，才能相互理解。有了相互理解，高校体育教学就可以在一个轻松、愉悦的教学环境中进行，教学效果就会得到增强。所以，高校体育教师在教学和生活中，要尽可能多地同大学生进行交流与沟通，要有意识地培养学生的理解与沟通能力，这对理解视野下的高校体育教学的有效实践具有重要作用。

（三）"理解教学"视野下的高校体育教学要营造良好的教学环境

教学环境是相对于教学活动而言，由与教学活动密切相关的一切相关因素构成的体系。高校体育教学环境是指与高校体育教学活动密切相关的一切周围因素构成的体系，是体育教学实践活动所需的客观条件及力量的总和。它包括物质环境和心理环境两部分。其中物质环境包括体育教学场所、体育器材设施等。心理环境则包括体育教学传统与风气、体育信息以及体育教师的人格与教学行为等。理解视野下的高校体育教学的成功实践，有赖于其教学环境的优化和设计。

"理解教学"以理解为目的，所以，在高校体育教学环境的建设中，教师要在充分了解学生的基础上，理解学生的需求，尊重学生的体育态度，关注学生个体体育兴趣及个性的培养，努力为其发展创造良好条件和环境。

在体育教学物质环境方面，体育场地设施的建设应力求科学和全面，注意场馆色调的选择、场馆布局的管理、场馆建筑的环境绿化。同时，场馆外形和结构的设计要符合建筑美学的要求，使大学生在教学中能因环境的优美而心情愉悦，激发其参与运动的欲望，帮助其形成运动兴趣；另外，体育器材的配置，除了种类齐全外，一定要注意规格要符合不同学生的身心特点，避免学生因为器材的不适而影响参与体育运动的兴趣。

在体育教学心理环境方面，建设良好的体育教学传统与风气对学生形成正确的体育态度、兴趣，提高学生的文化涵养，养成积极的体育锻炼习惯有着重要的作用；积极的体育课堂教学气氛的营造，有利于调动学生体育学习的自觉性和积极性。体育教学中建立和谐、民主的师生及生生关系，可以更好地促进师生之间的交流与合作，使教学实践中师生的有效互动成为现实，它是理解型体育教学能否取得成功的关键；教师的人格具有强大的感染力、感召力、吸引力和推动力，塑造体育教师高尚的人格，对大学生的社会态度、价值观念以及学习态度都有深刻的影响；体育信息是教师教学取材的一个重要方面，最新的体育信息传输，有利于学生体育兴趣的提高，也有助于其对体育的更多理解。

三、"理解教学"视野下的高校体育教学的教学模式观

教学模式是教学理论和实践的中介，它是在一定的教学理念的指导下，为实现特定的教学目标而形成的相对稳定的、系统的教学类型和活动程序。它是教学设计和实施教学的理论依据，具体规定了教学实践过程中师生双方的活动形式，体现了教学思想和教学过程结构。

高校体育传统的教学模式受传统习惯的影响，过分强调课程的结构，在形式和内容上重视基本部分的作用，追求时间在准备、基本、结束三部分的合理分配，以达到整堂课结构上的平衡。同时，对教学内容较为严格，特别注重运动技能的传授，并把学生对技能掌握的好坏作为评价学生成绩的主要标准。这种教学模式，在当前体育教学强调以人为本、重视学生主体地位、注重学生的个性发展、创造能力和终身体育意识培养、关注学生人性丰富的新时期，显得不相适应。在《体育与健康》课程的新理念下，传统的教学模式难以适应新纲要的教学要求，根据生理、心理、社会适应的现代三维健康观提出的知识与技能、过程

与方法、情感态度与价值观的目标，它也难以体现以人为本的教育价值观念。所以，改革传统的教学模式是很有必要的。

以理解为基础的高校体育教学，强调学生在认知、想象、情感沟通、心理置换以及运动体验等方面的发展，注重丰富学生的精神世界，发挥学生的学习主动意识，认为如何帮助学生更好地认识体育、理解体育是培养学生体育参与兴趣和终身体育意识形成的关键。为此，高校体育教学模式应更多地关注学生的差异存在，重视师生间的交流、互助与合作，其构建应考虑以下几个方面的因素。

（一）了解学生的不同差异，注重学生全面的培养

传统的体育教学把教学看成是一个运动技能形成和身体素质提高的过程，教学中注重人的理性因素的发展，而忽视了学生作为完整人的培养，导致学生的精神世界空虚，主体人格欠缺。以理解为基础的"理解教学"认为理解是人的存在方式，是学生人生经验的表达方式，学生在学习的过程中通过与教师在思想、情感、意志以及人格力量等方面的沟通，形成新的思想和精神力量，使其人格得到健全，精神得到丰富，完整人的培养成为可能。

"理解教学"视野下的高校体育教学，体育教师应在教学实践中对学生主体有先期的了解，只有了解学生，才能根据学生在身体素质、运动能力、运动心理、性格等方面的差异，有的放矢，进行分层、分类教学。教师要善于引导学生正确看待体育中的成功与失败，顺利与挫折，克服不健康心理障碍，增强参与运动的自信心，培养学生良好的认知、意识、情绪、行为及性格的自我控制能力和心理调节能力。体育教学的主要形式是身体活动，教师在教学中要刻意安排艰苦的环境，营造紧张的气氛，对培养学生吃苦耐劳、坚韧不拔的意志品质，沉着冷静、机智果断的个性心理有着很好的作用。同时，体育教学是一个集体的动态活动，在活动的参与中，教师应教育学生要注意团结友爱，相互关心与支持，鼓励与帮助，尊重与信任，理解与体谅，使学生的行为规范和道德修养得到提高。

了解学生的差异，分层进行体育教学，有利于不同层次的学生在运动参与中得到进步，尝试"成功"的体验，这有助于增强学生学习的自信心和兴趣，为不同水平的学生的共同发展创造现实条件。从了解到理解，从理解到理解教学，教师要正视学生的差异存在，关注学生的情感体验，这种教学方式有利于学生完全人的发展。

（二）理解学生的不同需求，灵活选择教学内容

高校体育教学的主体之一是大学生，大学生思维活跃，求知欲强，但兴趣、爱好各不相同，在以学生的发展为中心，以学生的身心健康为根本的教育宗旨下，高校体育教学在教学方式、教学内容的选择上，理应考虑不同学生的不同需

求。根据大学生的身心发展规律和兴趣爱好,制订丰富的教学内容,供学生自主选择,通过让学生对学习内容、学习进度、学习参考材料、学习伙伴、学习难度等进行一定程度的自选自定,有利于调动学生学习的积极性和主动性。这样,可以更好帮助学生发展个性,培养体育能力和锻炼习惯,养成终身体育意识。

（三）重视学生体育知识的丰富,从认识体育走向理解体育

"理解教学"视野下的高校体育教学,除了要使学生掌握体育与健康的基本知识和运动技能外,还要更多地帮助学生提高自身对身体和健康的基本认识,加强自我保健意识,掌握科学的健身方法,培养经常性参与体育锻炼的习惯。同时,作为高校体育,其主体是大学生,应多从体育的文化性内涵对学生进行教育,使其在认识体育的基础上更好地理解体育。也只有这样,大学生终身参加锻炼的体育意识和习惯才能够真正形成。

体育作为一种社会文化现象,它对大学生个性的发展起着举足轻重的作用,在带有对抗性的体育比赛中,胜者增强了自信心,进一步强化其坚强个性,负者锤炼包容性,促使其积极思考,锻炼心智。从体育教育的内涵分析,体育文化教育是体育教育的重要内容,教师通过体育教学过程传递体育文化是高校体育课程教学的基本任务之一。而忽视、甚至排斥体育文化教育的体育教学从教育或学习的意识来讲都是不完整的。缺少文化教育的体育教育不仅不能使学生对体育形成正确的态度和认识,相反加大了他们对体育认识和实践的误区的可能性。

"理解教学"视野下的高校体育教学,重视在教学实践中加强对学生进行体育文化知识的教育,认为学生只有对体育的功能、内涵有了全面的认识和理解,才能真正树立正确的体育运动态度,其长期参与体育运动的兴趣和习惯才会真正形成。

（四）强调师生间有效的交往和对话,使师生在理解中更好地沟通

"理解教学"强调理解在教学实践中的价值,认为整个教学过程就是一个相互理解的过程,师生在理解中创造出新的生命意义。由于理解是人的存在方式,是人生的发生进行过程。因此,理解中的师生关系则属于生活世界的一种生活关系。师生在理解的过程中,彼此把对方看成具有独立人格的人,双方相互尊重,相互信任,彼此敞开自己的精神世界,彼此倾听对方的表达,在对话中达成共识,形成认同,进而扩展自己的人生经验和精神世界。理解是通过师生的交往和对话来实现的,真正意义、深层次的师生交往和对话,有助于师生在沟通中相互理解、相互信任,有助于和谐师生关系的形成,而和谐的师生关系又能促进师生进行有效沟通和理解。在教育活动包括所有的交往活动中,只有善于跟他人沟通,才能不断地开阔思路、拓宽视野,在理解自己与世界的各种关系中成长。

"理解教学"视野下的高校体育教学认为,只有当学生对体育的内涵有了较深刻的理解,并自愿付诸实践,在参与体育活动中,体验到体育给自己的人生带来的乐趣和成功体验,其终身体育意识和习惯才能真正得到培养。同时,教师要善于同学生开展积极有效的沟通,使学生在理解体育的实际功能、人文价值中,主动地学习从事体育活动所需的基本知识、技能和方法,从而使高校体育成为大学生所喜爱的一门必修课程。

当前,我国对高校体育教学模式的研究较多,像"差异参与,互相合作""选择制式""人文关怀式""体验成功式""高校体育差生1+1式"等都可归属于理解型的教学模式。高校体育理解教学关注师生的共同发展,教学中提倡给予学生和教师无限的发展空间,所以,"教无定法",要达到体育教学的最佳效果,教师应该注重多种教学方法和教学模式的配合使用,其选择是灵活的。

四、"理解教学"视野下的高校体育教学的评价观

教学评价是对教师的教学工作和学生的学习质量做出客观的衡量和价值判断的过程。体育教学评价则是一般教学评价在体育学科的具体应用。它是根据一定的学科教学目标和相关标准,对整个体育教学过程进行系统的调查,并评定其价值和优缺点的过程,它对后续的教学实践具有指导和改进作用。

"理解教学"的提出,为高校体育教学评价工作的开展提供了多种可能,"理解教学评价的核心理念就是理解和发展。基于这种理念,对理解视野下的高校体育教学评价进行如下理解。

(一)"理解教学"视野下高校体育教学的教师教学工作评价

体育教师教学工作评价是指学校对体育教师的教学工作做出客观的衡量和价值判断的过程。理解视野下的体育教师教学工作评价,是学校职能部门评价、学生评价、同行评价以及教师自我评价的总和,旨在通过评价,促进教师及教学工作更好地开展。这种以理解为基础的高校体育教师教学工作评价有如下几个要求。

1. 强调评价标准的生成性

理解的过程是一个发展、意义创生的过程,对于理解视野下的体育教师教学工作评价来说,其评价也是生成性的。评价工作的开展,首先要有评价标准的确定,评价标准的生成性是理解型教学工作评价生成性的重要表现形式。它一方面强调评价标准的形成,既要体现评价者的意志,又要有被评价者的需求,它是评价主体与被评价主体在充分协商、相互理解和自我理解的基础上生成的;另一方面,评价标准形成后并不是一成不变的,而是根据教学环境的变化而不断变化的,它是一个动态的变化的过程。理解的教学评价以人的全面发展为目的,必然要求在评价结果上不能只以分数来衡量人的发展,还要关注被评价者的情感、态

度、价值观等精神世界。

当然，高校体育教师理解型的教学评价强调评价标准的生成性，并不是要让教学评价标准走入相对主义，而是认为评价要由过去注重分数走向全面综合评价，这符合"理解与发展"的理念。

2．注重评价主体的多元性和主体间互动

"理解教学"视野下的高校体育教师教学工作评价倡导由以往单一的评价主体转向多元化的评价主体，在教学评价过程中，学校、学生、同行教师、教师本人等都是评价的主体。学校强调评价主体的多元性，有助于评价结果的民主、客观和公正，强调教师本人直接参与评价，更能体现理解教学以人为本的评价理念。

从某种意义上说，理解型的体育教师教学工作评价是一个评价者与被评价者互动的动态过程，其目的是为了促进教师及教学工作更好地开展。在多元主体的评价过程中，评价是通过不同主体间的平等对话和交流，在相互尊重、彼此信任的前提下双向互动，借助理解来协调不同主体的不同价值观之间的矛盾，最终达成共识。评价者可通过对被评价者的理解，使评价的价值倾向更具合理性，被评价者则通过对评价者的理解来改变自己的观念和行为，使自己的发展可能性得以实现。

"理解教学"视野下的多元评价主体之间的互动，是一种主体间的交往关系，它通过尊重不同的价值观，以有效对话为沟通手段，促使评价成为以评价对象为联结中介构成的多元主体的统一体。

3．加强对教学过程的评价，合理利用评价结果

高校体育教学是师生互动的双边活动，理解视野下的高校体育教师教学工作评价强调要加强对教学过程的评价，是因为理解型的教师教学工作评价，其过程本身就是一个不断变化、不断创新的生成过程。在教学过程中评价者要把握教师的行为变化，不断理解教师和学生的行为反映，有助于评价主体做出公正、合理的评价，得出较为客观的评价结果。在对教学过程进行评价时，评价者应充分调动自己的经验来理解评价对象，师生在教学实践过程中出现的一些特定行为，不可简单地把它同既定的标准相对照，而要更多地去尝试理解现象背后存在的意义，重视问题的背景分析。这样，有助于更好地理解教学经验，激励教师的不断进步。

教师教学质量评价结果的使用是教师教学质量评价中重要问题之一。对评价结果如何使用不仅关系到对评价功能的理解和发挥，也关系到对评价目的理解和实现。"理解教学"视野下的高校体育教师教学工作评价强调评价结果的合理使用，意在使其评价功能得到发挥，最大限度地激励和挖掘教师的教学能力，促使教师的教学工作得到提高。在评价结果的使用上重在关注教师的整体发展，而不提倡简单地肯定或否定体育教师教学工作的成果，并把它同教师的利益过多地相结合。当然，学校应对那些多次评价效果不好，教学态度不端正，教学能力主观上不求提高的教师做出严肃处理。

（二）"理解教学"视野下的高校体育教学的学生学习评价

高校体育课程教学中对学生的学习质量做出客观衡量和价值判断，是高校体育教学评价的一个重要方面，它可以提供教学的反馈信息，帮助教师了解学生的学习情况，有助于改进教学，促使高校体育教学目标的实现。

当前，我国进行的课程改革，是一个规模宏大的教育创新。在这一创新活动中，《体育与健康》课程理念发生了很大的改变，它坚持"健康第一"的指导思想，注重学生运动兴趣的激发和终身体育意识的培养，强调教学中学生的主体地位，重视学生的发展，并关注学生的个体差异和不同需求，力求让每个学生受益。这种课程理念，充分体现了"以人为本"的教育思想，是在理解学生发展的基础上形成的。

"理解教学"视野下的高校体育教学的学生学习评价，是在这一课程理念的引导下进行的，它倡导理解学生的学习行为，注重学生在评价中发展。

1. 大学生体育学习评价目的的发展性

传统高校体育教学的学生学习评价注重的是学生体育学习的结果，很难把握学生学习的过程，对学生体育学习的自我内在感觉和运动技能掌握的程度，难以很好地了解，对帮助学生理解体育在学校教育中对人才培养的作用难以发挥应有的功能。

"理解教学"视野下的大学生体育学习评价，重视了解学生的学习情况与表现，要求教师对学生学习中存在的问题进行分析，并有针对性地改进教学；强调培养和提高大学生自我认识及自我教育的能力，为大学生提供展示自己的能力、水平和个性的机会。学生能够在发展中进行评价，在评价中得到发展。

2. 大学生体育学习评价内容的广泛性

长期以来，我国的大学生学习评价主要是以考试为主，学生只能被动地接受评价。在这种教育评价中，对学生来说，学习已不再是一种乐趣，一种来自好奇心的渴望，而完全成了一种负担，一种外在的压力。这种不考虑大学生的身体状况、体质基础，而盲目地按照同一个标准去考核，很显然是不科学的。这种考核对体育教学起不到积极的作用，反而会影响大学生体育学习的兴趣和热情。

"理解教学"视野下的大学生体育学习评价，注重人的全面发展，强调评价内容的全面、广泛，它不仅有体育知识技能的评定，而且还包括情感、态度、交往、合作和发展等方面的内容。其中，体能方面既包括与运动有关的体能，又包括与健康有关的体能；知识与运动技能上，重视对其体育与健康知识、运动技能达到的水平和运用情况的评价；学习态度与行为上，注重其对待学习和练习的态度以及在学习和锻炼活动中的行为表现的评价；情意表现与合作精神上，则主要看其人际关系的处理能力，理解和尊重他人的心理状态。

"理解教学"视野下高校体育教学的学生学习评价，主要以理解为基础，淡化评价的甄别和选拔功能，强调激励和发展功能，注重评价的过程性。在具体对学生体育课程学习的评定中,提倡采用绝对性标准与相对性标准相结合的方法进行,把学生的学习态度、练习成绩的提高幅度、积极的情感表现等作为核定学生成绩的一个重要方面,重视学生学习的进步与发展。

高校体育教育是我国大学教育的重要组成部分,它对帮助大学生发展成为体魄健全、身心健康、人格完美、职业道德优良、团队合作意识强的全面、和谐发展的高素质人才,具有重要作用。高校体育教学中,如何促进学生的全面素质发展,如何切实培养大学生的终身体育态度和能力、发展大学生的个性,并促进其社会化的进程,是当前高校体育课程教学改革值得深入探讨的问题。传统的高校体育教学更多关注的是学生对运动技能的学习和掌握,忽视了对学生进行"完整人"的培养,带有一定的片面性,这种教学方式,不能很好地适应我国当前"以人为本"的教育理念,因此,现今高校体育教学的改革,教学观念的优化,是一个需要体育界学者重点思考的课题。

作为一种新的教育观念,"理解教学"理论克服了传统认识论基础上的主客对立的思维定式,它关注人的本体存在,重视学生"完整人"的培养,特别强调"理解教学"在教学实践中的价值,认为教学是一种特殊的生活方式,教学过程实际上就是一种理解过程,理解的创造性、主体性、多元性和差异性,为教学活动中师生的发展提供了多种可能。

学校将"理解教学"理念尝试性地运用到高校体育课程教学中,是在继承传统教学观念基础上的一种教学观念的创新,是深化我国高校体育课程改革的需要。它强调教学实践中师生的相互理解,关注师生的共同发展,倡导民主、和谐、平等交往与对话的师生关系,强调学生的个性发展,重视学生终身体育意识的养成,并关注学生的现实生活,帮助学生更好地树立健康意识。这种教学观念,有利于高校体育教学中和谐师生关系的建立,有利于大学生对体育的深层次理解,也有利于大学生体育兴趣的激发和终身体育态度与能力的培养,能更好地促进学校体育与终身体育相衔接。这也适应了我国新的《全国普通高等学校体育课程教学指导纲要》新目标取向的教学需要。

在高校体育理解教学的理论思考中,本章认为人文主义、哲学解释学、理解社会学、交往行为理论、人本主义心理学、接受理论等,分别为高校体育理解教学提供了哲学、社会学和心理学等方面的理论基础。在反思传统"传习式"体育教学的基础上认为,高校体育"理解教学"的现实意义是:它改变了传统的教学方式,适应了新纲要的教学要求;它关注学生精神世界的成长,使学生的思想更为活跃;它要求师生相互尊重和理解,促进了和谐师生关系的建立;它注重学生体育理论知识的学习,使学生更好地理解体育。其基本要求有:以理解为目的,关注师生的共同发展;倡导民主、和谐、平等交往与对话的师生关系;强调学生的个性发展,重视学生终身体育意识的培养。

第三章 基于古德莱德课程理论的高校体育教学目标研究

随着现代科学技术的快速发展，社会进步和经济全球化使人类的物质和精神生活得到了极大提高和满足，人类生活的环境在各个方面都得到了有效提高，许多难以治疗的疾病现在都有了治愈的方法，人类的健康状况得到了极大改善。但是，快节奏和不规律的生活方式使人们在体力和心理上都承受着极大的压力，给人们的身体和心理健康造成日益严重的威胁，甚至危及生命。伴随着新的健康观的普及和人们健康意识的提高，人们逐渐意识到健康不仅仅是没有疾病，而是人体在身体、心理和社会发展三者之间都处于平衡的状态，人类比以往任何时候都更加注重自己的生活质量和健康水平。

学校体育是提高国民健康水平的重要途径，是实现素质教育的重要方面，而体育课程目标是实现学校教育目标直接的评价标准，对学校体育课程的实施和评价起着重要的导向和激励作用，体育课程目标体系作为体育课程大纲的重要组成部分，是各级学校制订学习内容和学习方法以及评价体系主要的参考对象，因此，我们迫切地需要了解现阶段高校体育课程目标的达成程度和实施状况，了解各地教师和学生的目标价值取向。

美国著名教育学家古德莱德依照课程各层次执行主体意识形态的不同，在课程设置方面得出了五种不同层次和概念的课程：理想的课程（Ideological Curricula）、正式的课程（Formal Curricula）、领悟的课程（Perceived Curricula）、操作的课程（Operational Curricula）和体验的课程（Experience Curricula）。这五个层次的课程是古德莱德关于课程理论方面的主要观点。在我国，高校体育课程的建立和评价主要依据国家教育部门统一制定的《全国普通高等学校体育课程教学指导纲要》（2002年由国家教育部颁布），还有各学校部分依据自己的实际情况制订相应的教学纲要、教师依据自己情感意志完成的教案以及课堂教学和学生的体验等。对于我国的这种课程设置中的层次现象目前没有一个清晰的、系统的理论去梳理和归纳，仅仅是从字面或口头上去描述和说明这一层次现象。我国高校体育课程设置的这种层次体系与古德莱德课程领域研究中对课程的层次定义是一致的，我们依据古德莱德的课程理论，与我国的课程执行体系进行一一对应，首先将国家统一制定的大纲称为理想课程；其次是各个高校依据国家理想课程制定的大纲，称之为正式课程；最后是由教师教案以及课堂教学组成的感性课程和以学生为主体的体验课程。将我国的课程设置纳入这种层次课程理论，然后对各层次的问题现象进行分析研究，可以使我国的课程设置在宏观和微观上呈现出一定的立体性和结构性，这种一一对应的意义在于使我国课程的研究以系统的课程理论作为支撑，使研究更加严谨、完整、系统。

第一节 高校体育课程目标的研究现状

一、国外高校体育课程目标设置情况研究

随着课程改革不断加深，大部分国家把体育目标定位在培养大学生的运动能力、个性、创新能力，提高综合素质和树立终身体育意识上，以此来应对21世纪人才激烈竞争的需要。其中典型的几个国家研究现状如下。

美国主要是按照各州来划分体育教学目标的，但总体来说，主要围绕着四个方面进行：①提高学生的运动技能，增进健康水平；②培养终身体育的意识，养成体育锻炼习惯；③让学生保持体育运动的良好态度；④学生能自觉进行体育活动，注重学生个性发展和创新能力的培养。

日本许多高校体育课程的目标主要是，强调动机与社会价值的内部统一，强调学生自主学习和个体差异，通过体育活动，增强学生体质，培养学生坚强的意志品质，为终身体育锻炼奠定坚实的基础。

泰国高校体育课程目标注重学生的自我发展，以学生的兴趣爱好为出发点引导学生参加锻炼，培养学生一项热爱的运动，重视学生兴趣、爱好和特长，加强高校与社会的联系，注重锻炼项目的针对性，培养学生持续运动的能力。

布鲁姆的研究将高校体育课程目标划分为认知、情感、技能三个领域进行构建，分成总目标和具体目标。总目标围绕着文化、生活、健康的主题来展开；具体目标从学习的动力出发，分为行为目标、过程性目标和表现性目标。

二、国内高校体育课程目标设置相关研究

查阅国内关于高校体育课程目标研究的文献，主要体现在对高校体育课程目标体系的不同领域划分、实现目标的途径与方法、高校体育课程目标设置存在的诸多问题等方面。

蒋国勤、丁亚金的研究将高校体育课程目标在时间、知识和逻辑三个维度上

进行构建，这个观念的提出改变了传统的从时间和知识维度上进行分类的模式。

孟晓春提出提高教师综合素质、采用"候课"的形式、分层次设计教学方案、不同层面激发学生参与课堂的动力，培养学生自我教育锻炼的能力，为实现高校体育课程目标提供有效途径，他在文章中甚至提出体育教学应采取学分制，强迫学生积极参与体育课堂，努力学习各项运动技能。

范春来、柳晓阳研究指出：我国高校体育课程目标在范围上考虑相对过窄，在培养学生个性发展和创新意识上所体现的不够充分，体育基础理论和知识的覆盖面不够；体现不出学生的主体性，个性发展及创新能力培养在一定程度上受到限制和束缚，不利于学生的全面发展。

杜习利教授指出：虽然教育部规定了体育课程应达到的目标，但实际完成体育课程基本目标的状况不容乐观，研究认为课程目标与学校的实际情况在一定程度上严重脱离，导致目标的实施和达成难度越来越大。

另外，苏娟教授做的《关于高校体育实施中存在的若干问题》的报告中指出，体育教学目标与课程目标之间存在着片面性和局限性，想要在实际教学过程中实现这些目标，应对不同地区、不同级别的高校进行调研，针对地区或高校实际情况提出相应的目标要求。

陈秋斌、王亚飞的研究发现，目前课程目标实施在运动参与、运动技能、身体健康三个目标方面取得了一定的成绩；但心理健康与社会适应的目标达成并不理想。

因此，从以上查阅的文献中我们不难发现我国体育课程经过一系列的改革和实施，体育的价值取向已发生很大的变化。教学大纲内容的演进，反映了我国学校体育教学改革的方向，并呈现出以下的特点。

第一，我国的体育教学大纲（或标准）具有鲜明的时代特色。每部大纲都是根据不同时期的社会背景及要求提出的。中小学体育课程改革方面发生的变化是与当时的社会需要、教育发展紧密相关的，体育课程改革受到国家经济、政治、文化等社会因素的深刻影响和制约。

第二，我国的大纲（或课程标准）的演进呈现出一个明显的趋势，即课程目标由过分关注"集体本位"逐渐发展到强调"学生本位"和"集体本位"两者的结合。

第三，从"增强体质"到"增进健康"，体育课程目标已经出现多元化的发展趋向。

第四，体育教学大纲的教学目标由强调学生的"共性"发展到关注学生"共性"的同时，更加重视学生的"个性"发展。

第五，我国体育课程目标的演进体现了从"注重学科教育功能"向重视体育学科的教育功能的同时更加"注重学生个性发展"的转变。我国1987年的教学大纲中首次提出了"发展学生个性""陶冶情操""创造精神"等注重学生个人发展的目标，但是在实践操作中并没有完全体现出来，在全面推进素质教育的今天，人们认识到，"教育的真正动意恰恰在于发展人的个性，开发人的潜能，实现人的价值，满足社会发展的需要"。上述观念在新课程中已有所体现，"以学生发展为中心，重视学生的主体地位""关注个体差异与不同需求，确保每一个学生受益"。

总的来说，从中华人民共和国成立至今，颁布和实施的一系列体育教学大纲来看，如今体育教育不仅有利于增强体质，促进健康，还包含了全民体育、终身体育的思想，多元化的方向发展以及呈现出体育教育和国际教育接轨的态势，注重以学生为主体的教育方针，更加关注对学生的全身心教育。而今后体育课程的改革，体育教育的发展趋势则取决于目前体育教学的现状，具体体现在国家大纲的实施情况、实施效果以及力度等方面。

纵观我国体育课程的发展历程，无论是在20世纪初的初步课程化时期，还是在改革开放后的重建和加速发展时期，都大量引进、介绍、移植了国外的体育课程理论和实践。对国外体育课程理论与实践的借鉴是必要的，因为世界各国体育课程的理论研究和实践探索可以为我国提供十分宝贵的经验。但是，一种体育课程理论及其实践的正确性和有效性往往受其所在国家或地区的经济、文化、时代、环境等的局限，它是否适合我国国情很值得研究。而盲目地引进国外经验，简单地照搬国外模式，不认真研究我国国情，不综合地分析、消化国外的理论、经验和模式的做法则是不可取的。然而，我们对外来的体育课程理论和实践似乎情有独钟，往往既缺乏对理论原意和实质的把握及系统深入的研究，又缺乏本土化的探索，也缺乏吸收、修正和创造性地应用。如果说蹒跚学步时期中国体育课程建设的当务之急是拿来再说，那么，在当今时代，国外体育课程理论与实践的适应性就需要我们进行深入的研究。

通过对国内专家学者在体育课程及体育课程目标方面的研究可以看出，在体育课程的框架体系中，体育课仍然带有强制性色彩，而且在一定程度上限制了学生个性和创造性的发挥，使学生在教学过程中仍然处于被动接受的客观状态。另外，课程目标没有完全从学生的角度出发考虑学生的需要和情感。

此外，关于国家体育课程的制定到地方课程的建立和实施以及学生具体接受的实际课程，其中每个环节对国家课程一致性程度的维度到底有多大；实施的情况怎么样；学生接收到的信息是什么；学生真正体验到了什么；学校的体育课程内容和教学形式能否完成国家大纲的目标；教师和学生的价值取向是什么；诸如此类的研究国内的研究者很少涉及，而这些问题又是体育课程改革必须要面对的现实问题。

第二节 古德莱德的课程理论和新课程纲要的五个目标领域

一、古德莱德课程理论

古德莱德的课程理论主要集中在三个方面,一是对课程的实践进行评价;二是为课程层次建立一个概念框架;三是将课程作为一系列层次进行研究。

在对课程概念框架的研究过程中,古德莱德研究发现,人们谈论课程时往往涉及的是不同层次的课程。于是,古德莱德对课程的概念进行了细化,依照各层次执行主体意识形态的不同和客体的主观意识,在课程设置方面得出了五种不同概念和类型的课程:理想的课程、正式的课程、领悟的课程、操作的课程和体验的课程。这五个层次的课程理论是古德莱德在课程方面的主要观点和思想的集中体现。

(一)古德莱德课程理论的五个层次

1.理想的课程

古德莱德研究发现,理想的课程内容取决于对教科书和教师指南的审核,理想的课程是一种理想状态下的国家社会形态下的意识形态,它是对课程所要达到的完美状态下的陈述和说明,除了实验性的检测外,不做具体的实施。所以,受地域差异和实际教育情况的影响,在一般情况下,理想课程几乎不能以其最初的形式贯彻给学校去实施。

2.正式的课程

正式的课程一般是得到相关部门官方批准同意的,并由机构和教师同意并且认可采用的内容,一些正式书面文件如课程指南,各个地区的教学大纲,课本等保证了该课程的认同。正式课程仅仅是获得了认可,并没有被改变或修改成理想课程,重要的是,正式课程是官方的。

古德莱德认为,正式课程不是一成不变的,它是伴随着国家社会意识形态的改变而发生变化的,正式课程的制定要考虑社会或统治阶级希望广大青少年获得什么样的信念、价值和态度。古德莱德指出,应该通过检测学生学到了什么而不是通过检查目的和目标,这样才能更贴近当地学校实际。不管这种设计能否贯彻给学生以及学生如何看待它,都决定了研究的不同。

3.领悟的课程

领悟的课程是指头脑中的所有思考的课程,是个体对课程的理解和认识。古德莱德指出,国家或地方已经批准认同的学习内容和课程并不一定是个人与群体领会的课程,教师教什么,怎么教,这一点每人都有不同的理解,相互之间有很大的分歧，毋庸置疑，这些理解带来的变化，在课程制订和修改中通常是需要考虑这些因素的影响的。在现实中，我们可以看出，领悟的课程更多的是教师对课程的理解和思考。因此，古德莱德和其他的研究者都十分关注教师对课程和现实的理解倾向，所有的这些理解使研究者更深入了解主要参与者心中的课程或者学校。

4. 操作的课程

操作的课程是每天发生在学校和课堂的课程，古德莱德认为，没有确切的办法知道操作的课程究竟是什么。教师领悟的课程和在课堂上实际教授的课程之间存在很大的差异。古德莱德指出，操作的课程其实也是领悟的课程，它存在于观察者和教师的心中，在教学上很难区分教什么和如何教。因此得到的反馈很少，只有部分教师会主动地搜寻来自学生对自己课程的评价。古德莱德同时指出，在现实中我们对教师自我诊断以及运用的程度知之甚少。同时，为得到大量可靠的操作课程的实例，需要使用可适应量化的技术，但只有研究许多类型的学校及每个类型的许多样本，才能使我们得出有用的概念和理论。

5. 体验的课程

在实际教学活动中，得到操作的课程的一些数据，难度比较大，学生体验到的课程也一样，甚至体验的课程更加难以把握，检测者几乎不能告诉我们学生心里究竟在想些什么，我们该如何信任他们。古德莱德认为，在被大量的"考虑和策略"的问题淹没之前，我们没有时间和精力去深入地思考体验的课程，更不用说认真地探究这个层次了。于是，古德莱德指出，只有现有社会的条件发展的知识不足以理解课程开发目的，我们需要一些数据，例如：对不同年龄阶段的各种学生来说，哪种课程是最吸引人的；如果把课程作为主题，学校的满意度是否会发生变化；课堂以外的其他因素能起作用吗？如果有的话，是什么，它是如何产生的；学生的意识形态和学校提供的教育之间切合点在哪里，两者之间最大的分歧又在什么地方？古德莱德进一步指出，不要用"好的"或"坏的""向往的"或"讨厌的"这些标准来评价学校，而是要通过了解各组学生如何考虑体验的课程以及如何真正地学习课程来评价，也许在不远的未来我们通过对学校职能方面的研究可以得出更可靠的判断和依据。

（二）古德莱德课程理论的分析

古德莱德在对课程五个层次的分析的基础上指出，对五种课程层次的简要介绍体现了获得课程定义的问题和综合研究实践的复杂性。这也说明，在课程分析和课程开发层次中，使用标准和概念的重要性。否则，我们没有办法考虑和研究从理想课程到体验课程一系列层次的问题，也无法回顾从学生理解的课程到为学生设计的正式的课程。还表明，即使认真做好了概念上的相关工作，具体操作起来也很困难，原因在于我们不能明确地将学生学的内容和教师教的内容区分开来。最后，古德莱德指出，如果我们仔细考虑教学的实际行动和行为（课程的教与学），那么对建构课程理论的确认就比较容易。但是，要想详细地绘制这个工作就需要我们做许多探索性的工作，因为我们对课程的探究在操作和经验的层面涉足了一个广阔的、未知的层次领域。

从以上分析总结中我们可以看出，古德莱德的课程理论从设计到实施，从课程决策者、制订者到最后的教师和学生，经历了若干种思想和意识形态的转变。古德莱德从动态的角度探究课程层次，建立了一个概念框架，涉及不同的范围，既有课程的决策者、制订者，又有学习者；既包括理论层面也蕴含实践层面。在实际教学中，我们更应该关注的是课程的执行者如何理解和操作这种课程，或者说学生是否真的能体验到这种理想课程。

二、新课程纲要的五个目标领域

（一）体育课程的性质

体育课程是大学生以身体练习为主要手段，通过合理的体育教育和科学的体育锻炼过程，达到以增强体质、增进健康和提高体育素养为主要目标的公共必修课程。体育课程是学校课程体系的重要组成部分。

（二）体育课程的内容标准

体育与健康课程根据三维健康观，有选择地吸收国外课程的先进理念，将课程学习内容划分为"运动参与、运动技能、身体健康、心理健康和社会适应"，有利于体育课程目标的实现，有利于全面提高学生的素质水平，有利于发挥体育健身育人的功能。

（三）体育课程的五个目标领域

新课程纲要目标包括基本目标和发展目标，前者是根据大多数学生的基本要求并结合学生的实际情况而确定的，发展目标主要是针对部分有运动天赋的学生确定的，也可作为部分学生的努力发展目标，主要包含五个目标领域，即运动参与目标、运动技能目标、身体健康目标、心理健康目标和社会适应目标。

1. 运动参与目标

运动参与是学生获得一定的运动技术和技能，提高健康水平，养成良好的体育锻炼习惯，形成健康的生活态度的重要途径。要使学生主动参加体育锻炼，必须开展内容和形式丰富多彩的活动，培养学生运动的兴趣和意识，形成坚持锻炼和终身体育的意识。另外，学生还应掌握科学锻炼身体的方法。教师在评价学生的运动参与时，应主要考虑学生学习的态度和行为，了解学生在体育课堂或者活动中所处的精神状态和学生的意志品质,而不仅仅是学生到达课堂就代表学生对运动的参与。

2. 运动技能目标

运动技能目标是体育健康课程的主干目标,与运动参与目标两者之间的结合最能说明"以身体练习为主要手段"的课程性质,运动技能目标是其他目标的基础,没有技能目标,其他的学习领域将成为无源之水,无根之木,会失去课程的本性,学生身体健康、心理健康和社会适应整体的健康目标也将无法实现。

运动技能目标体现了体育课程以身体练习为主要手段的特性,通过一系列技术的学习,可以在一定程度上实现其他的目标。通过技能的学习,大部分学生可以学会多种运动技术,在此基础上形成对运动的兴趣和爱好,培养终身体育的意识,同时在运动过程中,可以学会安全进行体育锻炼的手段和方法,并获得在野外生存的技能。

在义务教育阶段,教师应注重学生基本的运动知识、运动技术的培养,不过分追求技术的完整性和系统性,不苛求技术细节;在高中阶段,教师应充分考虑学生的不同需求,指导学生通过学习一到两种运动项目进行较系统的学习,发展运动能力。因此,运动技能的目标主要是使学生学会一到两个运动项目,培养运动的兴趣和爱好,为终身体育打好基础。

3. 身体健康目标

运动是促进学生身体发展和健康的重要手段,因此身体健康学习领域旨在引导学生积极参加体育活动,发展体能的同时,让学生了解环境卫生和不良的生活习惯对身体健康的影响,以形成健康的生活方式,只有这样才能提高学生的身体健康水平。根据学生身体状况的特征,教师要求学生在某一水平学习时侧重发展某一项体能,为终身体育奠定基础。

4. 心理健康目标

21世纪的人才要有敢于冒险、探索,善于竞争、合作等精神,所有的这些都与良好的心理品质息息相关,素质教育就是要求学生在德、智、体、美、劳五方面协调发展。学生素质发展有多方面的内容,心理素质的发展不仅仅是重要的组成部分,还对其他素质的发展起着很大的制约作用,可以这么理解,它既是素质的出发点,又是素质的归宿点。因为一个学生心理健康与否,不仅决定了其能否有好的同学关系,还影响其学习等方面的认识和处理事情的方式,是关系学生是否成才的重要因素,因此,良好的心理素质,有利于人的健康水平的提高。由此可见,心理健康教育不仅仅是时代发展对当代教育的必然要求,还是学校全面实施素质教育的目标之一。

学生心理的问题有很多种,第一,学习类的问题,主要是指在学习中产生的问题,表现在学生随学业的加重精神压力越来越大,还有就是成绩较差的同学在一定程度上出现了厌学的现象；第二，人际关系类的问题，这是学生在校期间反映最多的问题，主要包括与教师的关系问题、与同学的关系问题以及与父母的关系问题；第三，情感类的问题，主要表现为与同龄人的感情纠葛。

5. 社会适应目标

社会适应是个体为了适应现存的社会环境而调整自己的行为习惯或人生态度的适应过程。在现实生活中，每个人都有独特的为人处事的原则和待人接物的方式。然而，随着社会环境的改变，人的意志形态也在发生着变化，我们所说的社会适应不是随波逐流、随声附和等一些负面的东西，而是一种坚持正义的力量，既不失做人的原则又能在充满竞争的社会中调节自己的心境，使自己处于不断发展中，应是人的智商、情商的完美结合，是学生德、智、体、美、劳各方面均衡发展的良好表现，是体育课在基础教育课程改革之后的主要目标之一。因此，我们可以说社会适应是一个崭新的陌生的课题，也是作为一个教育者永远无法回避的问题。

体育课堂是培养学生社会适应能力的主要渠道之一，体育运动对于发展学生社会适应能力具有独特的作用，喜欢和经常参加运动的学生，在合作精神、竞争意识、人际交往、对他人对社会的责任感方面都会得到提高，这些能力的提高还会使学生的学习和生活完美融合，让学生更好地适应社会。一般来说，社会适应能力主要包括五种社会意识，第一，自我认识，包括自信、自主、自我评价等；第二，互助意识，表现为团结友爱、合作精神、互相帮助；第三，群体意识，包括协调能力、沟通能力、组织能力等；第四，集体意识，表现为榜样能力、融入意识和遵守纪律；第五，时代意识，包括科技意识、环保意识、经济意识、政治意识等。

因此，教师在体育教学过程中应特别注意营造轻松愉快的学习氛围，采取有效教学手段和方法培养学生的社会适应能力。在教学中，加强对学生运动角色和体育道德的培养，注重培养学生对自我评价的能力，关注学生的合作精神和体育道德，增加学生对他人和社会的责任感，教会学生通过多种途径获取体育与健康知识的方法。

三、正式课程与国家理想课程目标一致性研究分析

据统计，各学校教学大纲与国家理想课程在目标领域方面无论从整体上还是从各个项目来看都存在一定的差异，总体来说，运动参与目标一致性最强，运动技能目标和身体健康目标次之，心理健康和社会适应目标差异性较大。分开来看，各项目对教学目标的陈述与国家理想课程五个标准以及各领域的分目标基本一致，对教学内容和考核的陈述与理想课程存在一定的差距。现对这种一致性和差异性进行如下分析。

（一）对国家理想课程目标领域缺少整体的感知

国家理想课程五个目标的每个领域均存在一定数量的子目标，对学生参与体育运动项目所带来的体验的结果不能仅仅从字面意思去理解，而是要尽量做到均衡和一致，探讨事物的本质特点，即学校在制订课程大纲时应以整体的视角去把握。学校理想课程对身体健康目标达成要求如下：能测试和评价体质健康状况，掌握有效提高身体素质、全面发展体能的知识与方法；能合理选择人体需要的健康营养食品；养成良好的行为习惯，形成健康的生活方式；具有健康的体魄。在大纲的一致性对照中，无论是教学目标、教学内容还是考核内容，关于身体健康目标的陈述主要是在"具有健康的体魄；形成健康的生活方式"等内容上，而对于"能测试和评价体质健康状况""掌握有效提高身体素质、全面发展体能的知识与方法""能合理选择人体需要的健康营养食品"等目标几乎没有涉及。

（二）传统体育教学思想的观念根深蒂固

传统教育思想长时间在我国的教育进程中占据主导地位，体育教学中有些项目仍按照过去延续下来的教学大纲上课，课程指导思想仍离不开"三个基本"，国家实行基础教育课程改革以后，在应试教育向素质教育转变的今天，应把"三个基本"转变成身体、心理、社会适应"三维"健康标准，使学生通过对运动项目的体验，达到多维的健康标准，使学生更好地学习以及全面发展。在现实中不能过于强调体育课程的评价，体育课程可以促进学生技能、体能、体格、情感和道德品质的发展，这些因素不可能完全通过测量评价反映，但这种促进可以使学生终身受益。教师应注重发展性评价、质的评价、过程性评价，为学生创造快乐、竞争的身体运动环境，激发学生参与体育活动的兴趣，为提高学生运动技能水平创造条件；为学生磨炼意志、树立自信等实践提供机会；为学生放松精神、缓解压力提供途径，从而促进学生德、智、体、美、劳全面发展，实现大学的教育目标和教育方针。

（三）趣味性和对抗性项目的优势性

从对一致性的研究描述可以看出，像篮球、足球、乒乓球等娱乐性和对抗性较强的项目由于在学校开展较广泛，学生积极性较高，在实际中学生经过长期的练习能够积极参与各种体育活动并基本形成自觉锻炼的习惯；能够提高自己的运动能力；养成良好的行为习惯，形成健康的生活方式；能够运用适宜的方法调节自己的情绪；能够在运动中体验运动的乐趣和成功的感觉，表现出良好的体育道德和合作精神；能够正确处理竞争和合作的关系。这些运动项目取得的良好效果，使长期走在第一线的教研员和教师更愿意通过类似的项目来完成学校和教学目标。因此，趣味性和对抗性较强的运动项目在目标领域和国家理想课程存在较强的一致性。

(四)运动项目的局限性

一些运动项目像散打、游泳、武术、太极拳等,在实际的教学和练习中基本靠自己的自觉性和意志品质去完成独立动作,学生更多的是为了拿到毕业学分而进行类似项目的学习,由于动作单调乏味,趣味性不强,学生兴趣不高,最重要的一点是这些项目本身的特点决定其在现有的教育观念下不太能体现国家所规定的目标。例如,散打无论是在教学内容和考核内容的陈述上都强调对运动技能和达标的表达,在学习和运动以及考核中基本上不能让学生体会到社会适应性的概念和表象,更不能让学生突出表现出良好的体育道德和合作精神。该类型的项目在一些目标达成上表现出来的局限性使教师在长期的工作积累中越来越注重技能和技术的学习,一些体现学生情感意志和价值观领域的目标比较难以实现和开展,长此以往导致这些项目和国家理想课程目标一致性相对较差。

四、国家理想课程的完美性与实施过程中现实与理想的差距分析

国家理想课程是综合分析我国的教育实情,借助于国内外先进教学理论和经验,由相关专家设计并制定的。它体现了我国教育的目标要求,体现了国家对发展什么样的人的基本要求,是国家意识在教育领域的集中体现,但是在实际的实施过程中,考虑到国家的地区经济差距、学校资源的限制、教师对课程及课程目标的理解、学生对发展的要求等现实因素,国家理想课程的目标在各个学校具体执行时,其目标领域真正完全被实现的情况是极少的,现实中的课程只是对国家理想课程目标的部分实施。

第三节 高校体育教学目标制订的要求

一、加大对学生心理健康和社会适应的关注度

目前的体育教学中,教师的教和学生的学主要是以运动技能的学习为主线的,考核基本上是对学生学习结果的定量评价,我们应正视运动技能的学习,在技能和考核中考虑改进教学方式和策略,加强学生运动技能学习的同时,还应设置一些学生能在一定程度上达成心理健康和社会适应目标的教学内容。例如,在乒乓球的教学中,教师可以让学生自己尝试去完成某个动作,当遇到障碍时,可以与其他学生合作,寻找解决问题的方法,让学生体会到合作的乐趣,提高学生对群体性的理解,更好地完成社会性目标。在乒乓球的考核中,适当地设置一些

群体性、合作性的考核，如垫球接力、运球接力、团体对打等，这些考核内容的设置可以让学生体会到团结的重要性，体会到竞争带来的成就感，同时还能发展学生正确的体育道德和合作精神，使之正确处理竞争与合作的关系。

二、明确目的要求并强化课程目标实施的全面性和针对性

我国的高校体育课程，在培养学生积极参与各种体育活动、形成终身体育的意识、提高运动能力等方面的目标，已基本达成共识。但是，对有些子目标的关注度还是不够充分，例如，在教会学生运用适宜的方法调节自己的情绪，在运动中体验运动的乐趣和成功的感觉，测试和评价体质健康状况方面等是十分欠缺或重视不够的。为了弥补这些不足，在高校体育课程教学中，教师必须以学生为中心，以培养社会人为目标，使教学更有针对性和目的性。

三、加强对体育课程的认识和对新纲要思想的研究

体育课程是以身体练习为主要手段，通过合理的身体锻炼，达到以增强体质、增进健康和提高体育素养以及情感意志和价值观为主要目标的公共必修课程。在体育教学过程中，学生个体之间的差异性和其他课程相比更为显著，教师只有充分认识到这些特性，才能保证体育课程的合理发展，保证高校体育课程目标的贯彻落实。同时，体育教研室要定期组织体育教师共同学习和探讨现行纲要的有关精神，深刻理解现行高校体育课程目标，研究本校在实际教学过程中存在的问题，并根据本校实际状况，制订符合现行高校体育课程目标要求和本校实际的教学计划和相应的管理措施。

四、重视学生个性化发展

体育课程改革重视学生的个体差异，注重学生在运动中的主体性，学校体育改变了传统的"三基"教学目标向"三维"教学目标过渡，是贯彻以"育人"为中心的重要举措。学生个性化发展需要每个学生全身心地投入。教师必须能够根据学生的个性特点、学习风格和学习进度等"因材施教"，促进每个学生得到最优化的发展，使绝大多数学生都能在自己喜爱的、感兴趣的项目中得到发展，体验到成功和运动的乐趣。

五、增强对现行高校体育课程目标的认识和理解

教师不仅要认真学习现行纲要关于体育课程目标的有关精神，组织学习、讨论、探讨，加深对体育课程目标的认识和把握，还要不断扩展自己的知识领域和范围，不断丰富自己的理论知识，学习国外先进的教育理论和经验，明确现代社会发展对人才的要求标准；了解现代教育方面呈现出的新领域、新思想、新成

果,以便适应现在的教学。随着教育改革的不断深入发展,体育教师面临着知识极其丰富的时代,因此要善于学习和掌握新的知识,不断提高自己的知识水平,优化知识结构,另外,体育教师要及时吸取国内外教育教学的经验,只有这样才能适应我国现阶段教育改革和素质教育的要求。

六、选择更丰富和更实用的教学内容

新纲要明确指出:要以体育课程目标统领教学内容的选择。现行纲要没有提出明确的教学内容,给了学校较大的发展空间和支配自由。各高校采用自主选择教学内容、教师、上课时间的"三自主"教学方式,结合本校的具体情况,选择学生喜欢的、感兴趣的,有利于全体学生参与的项目,如羽毛球、乒乓球、篮球等;选择一些实用的、实施终身体育能用得上的项目,如乒乓球、羽毛球、慢跑等;选择一些有助于培养学生良好的品质和团结协作、勇敢顽强精神的项目,如野外生存;可以开展对场地器材没有较高要求的体育项目,如慢跑、羽毛球等;适当增加保健课的比例,把锻炼方法、保健知识带进课堂,培养学生对体育文化的欣赏能力,如篮球比赛、羽毛球比赛、长跑比赛等;对有身体缺陷的学生,开设以康复、保健为主的体育课程,让体育课程内容更丰富、更实用、更贴近学生的生活,更好地为学生的发展服务。

第四章　高校体育快乐教学模式研究

　　学校体育是学校教育的重要组成部分，是培养面向知识竞争时代全面发展人才的重要途径之一。近年来，我国高校体育教学改革取得了许多突破性进展，各种结合学生实际的教学模式、教学方法和教学理论也在实践中得到检验，对全面提高教学质量起着重要的促进作用。其中以皮亚杰为代表的建构主义认知教学观和来源于日本的快乐体育教学模式对当前高校体育认知和教学产生深刻影响。

　　由于体育教学承担着一定运动负荷的本质属性、学习单调枯燥性、体育教学组织复杂性和教师自身教学观等诸多因素，严重阻碍了体育教学的开展及其自身发展。基于这种现象，毛振明博士从日本引进了一种以体育内在乐趣为载体和出发点的快乐体育教学思想。该思想认为体育教学在教学方法上可以充分发挥学生学习的主动性和创造性，让学生积极主动思考和创造，使学生在互帮互学、边想边练、自定目标、自选进度、自我评价的主动学习过程中充分体会体育运动乐趣与同学相处的乐趣，并在此过程中自觉养成体育锻炼的习惯和能力。

第一节　高校体育快乐教学相关研究

一、建构主义理论的相关阐述

（一）建构主义的产生和发展

　　建构主义是关于学习者如何学习的理论。建构主义也译作结构主义，建构主义理论的主要代表人物有皮亚杰、科恩伯格、斯滕伯格、卡茨、维果斯基。

　　作为德国古典哲学的创始人——康德，试图调和经验论和唯理论，认为人类对外界事物的认识是根据主体经验的观念完成的，这种观念是先于经验形成的，是预先设立的判断形式。康德将这些观念和形式称之为"范畴"，也就是我们的思想形式。虽然经验的内容是客观的，但它需要通过人类思维形式的处理，即"范畴"的处理才能被人类所认识。

　　康德之后，建构主义萌芽的成长得益于对实证主义的批判，不过，真正将建构主义进行系统阐述的是心理学家皮亚杰。皮亚杰认为知识是一种结构，然而离开了主体的建构活动就不可能产生知识，并提出以平衡作为解释学习的机制。他认为这种平衡是一种动态的过程，它包括个体与环境相互作用的两个基本过程："同化"与"顺应"。"同化"是指把外界所提供的信息整合到自己原有认知结构内的过程；"顺应"是指外部环境发生变化，而原有认知结构无法同化新环境提供的信息时所引起的认知结构发生重组与改造的过程。皮亚杰的发生认识论为建构主义提供了坚实的理论根据，建构主义也得以真正确立。在皮亚杰的上述理论的基础上，苏联杰出的心理学家维果斯基进行的有关人的心理发展的研究，对建构主义的发展也是十分重要的。此外，美国心理学家布鲁纳于20世纪70年代末把维果斯基的思想介绍到美国，对建构主义的进一步发展起了推动作用。在皮亚杰的"认知结构说"的基础上，科恩伯格对认知结构的性质与发展条件等方面做了进一步的研究；斯腾伯格和卡茨等人强调个体的主动性在建构认知结构过程中的关键作用，并对认知过程中如何发挥个体的主动性进行了认真的探索；维果斯基提出的"文化历史发展理论"，强调认知过程中学习者所处社会文化历史背景的作用，并提出了"最近发展区"的理论。

所有这些研究都使建构主义理论得到进一步的丰富和完善，为我们在体育教学过程中提倡"快乐体育"理念，促进学生在体育课程中学习的认知、体育知识结构的构建创造了条件。

（二）建构主义的学习观

建构主义的学习观是建立在其独特的知识观的基础上的。陈琦等人研究认为，学习知识不是由教师向学生的传递，而是学生主动建构自己知识的过程。学习不是被动接收信息刺激，而是根据自己的经验背景，对外部信息进行主动地加工和处理的过程，"即通过同化和顺应两种途径来建构意义的过程"。在知识的建构过程中，学习者需要将新知识与原有的知识经验联系起来，从而获得新知识的意义，并把它纳入已有的认知结构中，这就是同化。原有的知识经验会因新知识的纳入而发生一定的调整或改组，这就是顺应。同化体现了知识发展的连续性和累积性，顺应体现了知识发展的改造性。而张建伟认为："建构主义学习观认为学习是个体意义建构过程，就是学习者在充分发挥其主体性的前提下，以情境设置为基础的双向建构的过程。学习不单单是知识由外到内的转移和传递，还是学习者主动地建构自己的知识经验的过程，即通过新经验与原有知识经验的反复的、双向的相互作用，来充实、丰富和改造自己的知识经验。"

建构主义学习观认为学习具有社会性。维果斯基强调社会性相互作用在学习中的重要意义，关注社会化的学习，强调学习的社会性和文化性。张建伟认为"对于每个学习者来说，都有自己的认知结构，都有自己的经验世界，不同的学习者对同一知识、信息或问题形成不同的见解或结论，因此，群体的学习相比个体的学习而言，学习者能分享到更多的理解和意义，不同的学习者可以通过相互沟通和交流，相互争辩和讨论，共同完成一定的任务，共同解决问题，从而形成更丰富、更灵活的理解。"学习者之间不仅可以构成群体，还可以与教师、课程专家等就课程知识或信息展开充分的沟通。这种社会性相互作用可以为知识建构创设一个广泛的学习共同体，从而为知识建构提供丰富的资源和积极的支持。合作学习正是基于这样的原理而形成的一种学习方式，合作学习的关键在于小组成员在完成小组任务的过程中相互沟通、相互合作、共同负责，从而达到共同的目标。

体育课堂教学有其特殊性，集中表现在其教师教学与学生学习往往集中于户外，与其他室内课程有着比较大的区别，反映出师生之间的交流往往多于室内课程。传统体育课程教学模式上，往往体现在讲解—示范，师生之间缺乏必要的交流与互动，造成学生在学习兴趣、效果上存在着一定的缺陷。建构主义认知理论则提倡学习者通过相互交流与沟通，能分享到更多的理解与意义，合作完成一定的任务，共同解决问题。学生通过必要的合作、交流、争辩、讨论，能够增强对体育课程学习的认知，也提高了学习的兴趣。

二、快乐体育教学模式的国内文献研究

（一）快乐体育教学模式

快乐体育是指学生在体育运动中，通过参与体育活动而体验到深层次的心理快感或成功感，从而激发学生参加体育运动的自觉性和主动性。在尊重学生的体育运动中的主体地位的同时，重视激发学生对体育运动的兴趣，并认为体育教学过程本身就是快乐的、有吸引力的。快乐体育重视运动快乐感的体验，以体验运动快乐感为契机激发学生自觉主动地参加运动的兴趣，并进一步通过学生参与，培养学生的终身体育的态度和习惯。

快乐体育起源于日本，指从情感教学入手，创设符合学生年龄特点的生动、活泼、和谐的教育氛围，激发学生的情感，唤起学生自主性，对学生进行健全的身体教育、人格教育为目标的一种体育教学思想。它强调情感、兴趣、创造和能力培养，以教师"乐教"、学生"乐学"为中介，达成学生对体育的主动学习、愉快发展；它从生理、心理与社会三维空间来把握体育教学的特性和整体效益。

日本的"快乐体育"模式是在终身体育思想影响下发展起来的，并成为影响当今日本体育课程教学发展的一种主流体育教学理论。

（二）快乐体育教学模式的国内文献分析

心理学指出，课堂是师生间彼此交往的主要场所。课堂心理气氛直接影响着

师生的教学行为，影响着课堂教学质量及学生个性的发展。而影响课堂心理气氛主要因素除了师生的智能特点外，更重要的是学习动机和情感支持。赵立认为："快乐体育正是以情感教学理论为基础，以"感情投资"、创设情境为途径，激发学生的学习积极性，使学生在和谐、快乐、紧张而有序中学习知识，增长才能。"快乐体育的理论依据是：以终身教育和终身体育的思想为指导，把体育学习建立在学生自身愿望需求与社会责任感相结合的基础上，把体育学习活动中内在的乐趣和丰富的情感作为学习目标之一，通过自主的学习行为，使学生在整个学习活动过程中保持积极的情绪，并能不断获得快乐的运动体验和学习成功体验。

邵伟德对1994～2004年发表在体育类核心期刊上面的48篇体育教学模式的文章进行过总结。他指出体育教学模式方面的文章存在一些问题，一方面理论研究比较容易，论文好写，而实践研究却很难实施与操作；另一方面也说明了实践研究得不到重视，体育教学模式基本停留在比较低的水平。雷爱丽对我国当前体育教学主导模式分析指出，目前我国高校主要存在三种教学模式，即运动技能传授模式，运动技能传授为主、身体锻炼为辅的模式，"快乐体育"模式。他还认为我国体育教学模式主要表现在模式目标指向较为单一，模式之间的特征不明显、针对性差，模式的操作性差三个方面。

王永利对高校体育教学改革提出了新的思路，认为"高等学校体育教学改革围绕以健康为本的教学指导思想在体育教学中已经展开，高等学校体育不仅要增强学生体质，还应使学生的身心得到和谐发展。体育教学改革应从以下几个方面入手：转变以掌握运动技能为主的传统教学理念；把快乐体育的思想贯穿到体育教学中去；构建合理的体育课程评价体系"等。毛海涛则认为"高校体育教学改革的目的在于打破传统思维下的教学模式、教学方法、教学手段等方面的因素，并且在新的高校办学理念的指导下，对高校原有的一些固有的旧观念进行一些必要的改革和探索。观念的创新以及教学模式、教学手段、教学方法的创新必须符合高校健康办学的理念，而不是随意性的改革。体育教学改革的理论建设仍然是当前高校全面进行体育教学改革的重中之重"。

研究者认为，贯彻完成高校体育教学模式改革的一个比较重要的问题是加强其理论依据及其基本内涵的研究。体育教学模式是指在一定的教学思想指导下，为完成规定的教学目标和任务而形成的规范化教学程序，包括相对稳定的教学过程结构、相应的教学方法体系。快乐体育教学模式是以运动为基本手段，采用适宜的教法增强学生体能，使学生得到理性的快乐体验的一种体育教学模式。同时，快乐体育教学模式的基本内涵应集中体现在以下这五个方面，即注重学生在体育教学过程中的主体地位；建立和谐的师生关系；追求学生个性的和谐发展；体育教学活动本身应是快乐的、有吸引力的；进行思想品德教育和提高运动技能。

（三）快乐体育的国内外文献分析总结

传统的体育教学论过分强调教师的主体地位、主导作用，认为学生只是一个需要教育的客体，只能被动地接受体育教师的教育培养，这样就导致了学生主体地位的丧失，自觉性、积极性的泯灭。学生不能体验到满足需要的乐趣，也不会进行有效的学习。

体育教学是双向多边、复杂的活动。体育教师掌握着教学方向、进度和内容，用自己丰富的知识、高超的运动技艺，活泼、生动的形象教育影响学生，在教学中发挥主导作用。学生是学习的主体，其学习目的、态度、动机、积极性、身体状况、兴趣、思维能力、情绪等都直接影响教学效果。快乐体育十分重视体育教学过程中学生的主体地位，在教学中充分发挥学生的内因作用，即主体作用。快乐体育理论认为，重视学生的主体地位，激发和维持学生学习的兴趣与动机是提高教学效果的手段。无论是来自日本的"快乐体育"教学模式，还是目前我国高校主要存在的三种运动教学模式，我们都应结合学校教学的实际情况加以采用，其目的是使学生在课程学习中真正得到全面发展。这里我们要特别注意对"快乐体育"理解的误区，即要让学生体验体育乐趣，就没必要太追求运动技术的学习，让学生在课堂上开开心心地玩就行了，导致"放羊式"教学的局面。因此，从建构主义教育理论的三个教学策略出发，有助于我们避免出现以上问题。然而从建构主义教学理论研究快乐体育教学模式相关的研究成果不多，因此，从支架式教学、抛锚式教学、随机进入教学三种教学设计对高校体育快乐体育模式的展开研究，有一定的必要性。

三、基于建构主义的快乐体育教学模式

建构主义理论内容十分丰富，但其教育理论的核心观念可概括为以学生为中心，强调学生对知识的主动探索、主动发现和对所学知识内容的主动建构。传统的教学模式强调以教师为中心，教师利用各种媒介与方法向学生传授知识，学生只是被动地把知识从教师头脑中接收到笔记本上。而建构主义的教学模式强调的是以学生为中心，在整个教学过程中，教师起组织者、指导者和促进者的作用，教师利用情境、协作、会话等学习环境要素，充分发挥学生的主动性和创新精神，最终达到学生对当前所学知识的意义建构的目的。由于建构主义所要求的学习环境得到了最新信息技术成果强有力的支持，这就使得建构主义理论与广大教师的教学实践普遍地结合起来，进而成为国内外学校深化教学改革的指导思想。

（一）基于建构主义的快乐体育教学模式的基本原则

1. 学生为中心原则

明确"以学生为中心"这一点对于快乐体育教学有至关重要的意义。建构主

义认为，以学生为中心的快乐体育教学必须在学习过程中充分发挥学生的主动性，要能体现出学生的首创精神；要给学生在不同情境中应用所学知识和技能的机会（将知识"外化"）；要让学生根据自身行动的反馈信息形成对客观事物的认识和解决实际问题的方案。王翠芝等人在研究中认为，在具体实施中，教师除了考虑学生已有的知识和经验，还要考虑学生的生理和心理发展水平。实施这条原则，第一，要因人制宜。这里包括两方面的含义：一方面是针对不同的学校和班级，设计的起点和步幅应该不同；另一方面，要把对学生学情的研究作为快乐体育教学一项基础性工作。虽然教师都知道将学生的课堂表现、作业和考试作为了解学情的信息源，但普遍存在的问题是这项工作是浮于表面、粗疏的。事实上导致同一个错误的结果可能出于不同原因，这些从表面上往往是看不出来的，必须通过个案调查才能明白。第二，要注意因材制宜。隋燕认为，不同内容的体育教材，学生接受的方式不同。起始内容的学习，由于缺乏必要的基础知识，快乐体育教学应提供比较充分的直观背景材料，启发学生观察、比较、分析，师生共同归纳促使学生抓住要领。

2. 情境活动原则

"情境"是指教师在设计教学时要把学生所学的知识与一定的真实任务情境联系起来，使学生以解决在现实生活中遇到的问题为目标，最大限度地把学习与实践联系起来。在这种环境下，可以使学生利用自己原有认知结构中有关经验"同化"和"顺应"当前学习的新知识，从而赋予新知识某种意义，最终达到对新知识的意义建构。"活动"是要求学生在这一环境下动脑、动口、动手，也就是教师将教学内容、学术形态转化为教育形态，学生的任务是在参与活动的过程中经历知识的"再发现"。情境活动原则就是在体育教学中提供生动的、丰富的实际情境，使学生对知识产生意义建构。

3. 情意相融原则

所谓"情"指情感、情绪（兴趣、好奇心、参与热情等），这是随情境随时变动的因素。"意"指学生对待学习的意念（意志力、毅力、自信心等），这是以往学习和生活经历中积累下来的个性心理品质，相对比较稳定。情意相融是指要用特殊的教学设计全面调动学生非智力因素，要以"情"的激发去促进"意"的发展和优化。用贴近学生生活和日常经验的实例设计教学，往往能引发学生的求知欲和兴趣。

4. 协作会话原则

建构主义认为，学习者与周围环境的交互作用，对于学习内容的理解（即对知识意义的建构）起着关键性的作用。学生们在教师的组织和引导下一起讨论和交流，共同建立起学习群体并成为其中的一员。在这样的群体中，共同批判地考察各种观点、理论和假说；进行协商和辩论，先内部协商（即与自己争辩到底哪一种观点正确），然后再相互协商（即对当前问题提出各自的看法、论据及有关材料并对别人的观点做出分析和评论）。通过这样的协作学习环境，学习者群体（包括教师和每位学生）的思维与智慧就可以被整个群体所共享，即整个学习群体共同完成对所学知识的意义建构，而不是其中的某一位或某几位学生完成意义建构。小组合作学习和全班交流讨论是常见的两种协作学习方式。其中小组交流与合作学习为学生提供了更为宽松的学习环境，更利于促进学生智力、情感和社会适应能力的发展。在快乐体育教学中，教师应创设一种群体合作解决问题的情境，让每位学生都能发挥自己的潜能，共同协作解决问题。学生通过协作会话，逐渐学会与他人交流、沟通，学会人与人之间的相互理解和支持。

5. 学习环境的设计原则

建构主义认为，学习环境是学习者可以在其中进行自由探索和自主学习的场所。在此环境中，学生可以利用各种工具和信息资源来达到学习目标。在这一过程中学生不仅能得到教师的帮助与支持，而且学生之间也可以相互协作与支持。按照这种观念，学生学习应当被促进和支持而不应受到严格的控制与支配。在建构主义理论指导下的快乐体育教学模式设计应是针对学习环境的设计而非教学环境的设计，其目的旨在为学生的学习提供更多的主动与自由。

6. 多种信息资源支持"学"的原则

为了支持学生主动探索和完成意义建构，教师在学习过程中要为学生提供各种信息资源。体育教学的信息来源非常广泛，如传统的媒体和资料以及各种计算机软件、教师自制的课件等，尤其是网上资源，多种多样。但必须明确，这里利用这些媒体和资料不仅用于辅助教师的讲解和演示，而且用于支持学生的协作学习和协作式探索。如在学习"武术基本功及套路"这样的课程中，按照教材上向学生介绍和演示，学生会感到空洞，若组织学生自己从电视或互联网上获取相关信息，在课堂上进行小组交流或角色扮演，印发或播放一些真实的材料、影音文件，既能使学生更深刻地了解武术的基本步法，又能激发学生学习武术的热情，从而促进对体育知识的建构。

（二）基于建构主义理论下的快乐体育教学模式的特点

建构主义教学模式的很多教学策略都适合于快乐体育教学的特点。

情境设计。体育课程的项目多，内容丰富，可利用的器械多，而且可以采用不同的练习手段便于设计情景。

独立探索。在体育教学中并不是直接告诉学生动作应该怎样做，技术要领是什么，而应该先让学生根据自己现有的知识技能和掌握的信息去独立探索尝试完成，教师在这个过程中要注意引导。

协作学习。体育练习必须采用保护与帮助手段，通过这一手段不仅能进一步提高学生对动作技术的理解，同时还加强了学生之间的协作精神和团结友爱，共同学习的氛围。

会话交流。体育动作技术细腻,技术环节多,容易出现技术上的各种错误。教学中的会话交流能有效地促进学生运用现有的知识和技能开动脑筋,便于教师引导和学生讨论交流。

意义建构。快乐体育的意义建构就是体育教学目标建构主义模式中的情境设计、教学策略都是为其服务的,多样化、兴趣化的建构主义教学策略又易于体育教学的目标达成。

因此,在体育教学中采用建构主义教学模式,能有效地展现其模式中的情景、协作、会话、意义建构这四大属性。

(三)建构主义对于教师的教学方式、教学技巧的影响

建构主义对教师的教学方式影响,表现在教师对教学主题的理解上。学生理解一个教学主题可以有多种方式。所以,教师必须在熟练掌握教学主题的基础上,探究理解这些主题的各种方式。

首先,建构主义对教师的教学技巧也有极大影响。教师的教学技巧应该适合于学生构建知识的过程。不管是运用何种教学方式,教学技巧都应该努力配合学生思维,而不是支配学生思维。尽管设计教学是重要的,但建构主义的教学较少是关于按顺序安排的一系列事件,而更多的是符合情境的需要。所以,当学生参与到以建构主义课堂为特征的活动时,教师要利用多种复杂的策略去支持学生对知识的建构。这些策略包括建构主义提出的支架式教学、示范性教学、训练式教学、指导式教学和协商式教学。教师面临的挑战是选择合适的策略并巧妙地实现其目的。

其次,由于建构主义教学要求学生个人建构知识,并提倡合作学习,学生活动就有较大的自由度。因此,在对教学情境的监控上,要求教师对分散的学习环境有较强的监控和管理能力。

最后,由于建构主义的教学形式和要求与传统的教学相比有了较大的变化,所以,教学评估的方式也要做相应的调整。建构主义教学允许学生理解的多样性,这似乎与传统标准是不相容的。在新的评估中,评估要求有设计良好的、灵活的题目以保持学生的学习与课程目标之间的联系。

第二节 高校体育教学模式的构建

一、高校体育课建构主义教学模式教学程序的构建策略

(一)对课程内容进行整合,提高教学实效

课堂时间有限,教师要在一节课上,运用建构主义教学模式进行教学,无

论是教学活动还是教学过程都不能很好地展开；若用几节课，既影响了效果又不利于教学任务的推进。对这一矛盾的解决，可以采取对课程内容单元进行整合处理，将有助于课前、课中、课后的活动融为一体，使课前与课后成为时间的延续，知识的拓展和延伸。

（二）充分发挥学生和教师的积极性，真正体现意义建构的思想

运用建构主义指导教学设计和教学过程，强调以学生为中心，往往容易忽略教师的主导作用。事实上，在意义建构的过程中，教师的责任不是减轻了，而是更重了，其主导作用更加突出。教师由知识的传授者、学习过程的控制者变成了学生学习的帮助者、指导者和促进者。教师强调学生自主学习、合作学习，并非让学生放任自流。教师对整个学习过程的组织、安排、引导和调控对意义建构能否实现非常重要。只有充分意识到这一点，协调好主体和主导的关系，才能充分发挥学生和教师的积极性，真正体现意义建构的思想。

（三）因课制宜的选择教学方式

建构主义的教学设计虽然有很多优点，但并非适用于所有的教学内容，因此，在运用建构主义理论指导教学时，应首先考虑教学内容、教材的知识结构和学生的实际水平以及他们的认知结构是否与建构主义的教学方法、教学设计相适宜，不要生搬硬套。一般来说，建构主义的教学设计和教学方式更适合开放的，具有较大空间的知识结构和联系社会、联系实际以及引起学生兴趣和关注的教学内容。作为教学论的三大流派之一，建构主义教学论影响深远。但该理论过于片面强调知识结构的重要性，而忽视知识内容的教学，没有实际知识内容的传授，难以培养学生的适应能力、生活能力，忽视对学生进行知识、技能的教学，学生智力的发展也必然落空，并且片面强调发现学习方法，忽视教学内容在教学中的主导作用。因此，建构主义模式下的教学方法要想发挥其作用应因时因地而制宜。

（四）注重多种教学方法的融合运用

由于多种原因，教师在建构主义学习环境下往往只采用一种教学方法。为了避免枯燥无味的学习环境，在实际教学中，教师可以将两种以上的教学方法结合在一起或以某种方法为主、其他方法为辅，灵活地运用各种教学方法。不管是用何种教学方法，都应充分考虑以学生为中心的三个要素即发挥学生的首创精神、知识外化和实现自我反馈。教师要考虑如何站在超前于学生智力发展的边界上即最邻近发展区，通过课堂提问引导讨论，切忌直接告诉学生应该做什么，即不能代替学生思考，最终达到学生自主构建知识的目的。

二、高校体育课建构主义教学模式教学程序的设计

（一）支架式教学

据欧盟"远距离教育与训练项目"的有关文件，"支架式教学应当为学习者建构对知识的理解提供一种概念框架。这种框架中的概念是为发展学习者对问题的进一步理解所需要的，为此，事先要把复杂的学习任务加以分解，以便于把学习者的理解逐步引向深入。"在体育教学中也为学生建构了一些对学生所学的体育动作和技能掌握的辅助动作，这些辅助动作是为发展学生对最终要掌握的动作技能进一步理解所需要的。为此，教师事先要把复杂的动作和技能加以分解，以便于把学生的理解逐步引向深入，这种教学方式有利于学生对体育技术动作的掌握，能不停顿地把学生的运动技能从一个高度快速引导到另一高度上。

支架式教学由以下几个环节组成。

①搭"脚手架"。围绕当前学习主题，按"最邻近发展区"的要求建立概念框架。如我们在跳远项目上要完成腾空步的技术动作，可预设原地跨步跳或跳箱腾空动作。

②进入情境。将学生引入一定的问题情境（概念框架中的某个节点）。

③独立探索。让学生独立探索。探索内容包括：确定与给定概念有关的各种属性，并将各种属性按其重要性大小顺序排列。探索开始时要先由教师启发引导学生（如演示或介绍理解类似概念的过程），然后让学生自己去分析；探索过程中教师要适时提示，帮助学生沿概念框架逐步攀升。起初教师的引导、帮助可以多一些，以后要逐渐减少，放手让学生自己探索；最后要争取做到不用教师引导，学生自己能在概念框架中进行学习。

④协作学习。教师让学生进行小组协商、讨论。讨论的结果有可能使原来确定的、与当前所学概念有关的属性增加或减少，各种属性的排列次序也可能有所调整，并使原来多种意见相互矛盾且使复杂局面逐渐变得明朗、一致起来。在共享集体思维成果的基础上达到对当前所学概念比较全面、正确的理解，即最终完成对所学知识的意义建构。如在跳远腾空步的教学中，小组讨论过后，教师再归纳总结，得出正确的结论，然后再以小组的形式进行练习，同组的同学可以相互帮助、相互学习、纠正错误，这样既掌握了技术动作，又培养了学生之间相互帮助、协作学习的习惯。

⑤效果评价。对学习效果的评价包括学生个人的自我评价和学习小组对个人的学习评价。评价内容包括：自主学习能力、对小组协作学习所做出的贡献以及是否完成了对所学知识的意义建构。如在推铅球的动作技术中，对技术动作掌握较好（或较差）的同学，针对他们在蹬、转等技术的衔接问题展开相互讨论、评价。

（二）抛锚式教学

抛锚式教学是基于建构主义学习理论的、情境式教学技术。目的是使学生在一个完整、真实的问题情境中，产生学习的需要，并通过镶嵌式教学以及学习共同体中成员间的合作学习，凭借自己的主动学习、生成学习，亲自体验从识别目标到提出和达成目标的全过程。它在教学中利用以逼真情节为内容的影像作为"锚"为教与学提供一个可以依靠的宏观情境，课程的设计允许学习者对教学内容进行探索。这种教学要求建立在有感染力的真实事件或真实问题的基础上。人们将确定这类真实事件或问题被形象地比喻为"抛锚"，因为一旦这类事件或问题被确定了，整个教学内容和教学进程也就被确定了（就像轮船被锚固定一样）。

抛锚式教学由以下几个环节组成。

①创设情境。使学习能在和现实情况基本一致或相类似的情境中发生。

②确定问题。在上述情境下，选择出与当前学习主题密切相关的真实性事件或问题作为学习的中心内容。选出的事件或问题就是"锚"，这一环节的作用就是"抛锚"。

③自主学习。不是由教师直接告诉学生应当如何去解决面临的问题，而是由教师向学生提供解决该问题的有关线索，并特别注意发展学生的自主学习能力。

④协作学习。学生之间进行讨论与交流，通过不同观点的讨论，补充、修正，加深每个学生对当前问题的理解。

⑤效果评价。由于抛锚式教学的学习过程就是解决问题的过程，该过程可以直接反映出学生的学习效果。因此对这种教学效果的评价不需要进行独立于教学过程的专门测验，只需在学习过程中随时观察并记录学生的表现即可。

依据抛锚式教学的五个环节我们可以设计以下教学片段。

①将试验班分成三个小组组织练习。

②小组进行跳远练习，每组选择出三位学生的技术动作作为评价对象。

③教师布置讲评任务：各小组同学完成跳远的技术动作后，由每个小组推荐的两个代表对这三位同学的跳远技术动作进行评价，之后每个学生都要对跳远技术发表个人意见。

④小组评价。各小组完成跳远练习后，三个小组的代表依次上台发言。例如，第一组两位代表对这三位同学的跳远技术动作基本上是肯定的，认为这三位同学基本上能较好地完成跳远的整个技术动作；第二组代表发表了不同的看法，他们认为这三位同学跳远技术动作的关键部分即起跳动作没有完成好；第三组学生认为这三位同学腾空步的技术没有发挥出来。

⑤个人评价。三个小组代表的发言，激起其他同学的发言欲望，大家按捺不住，争相发言，有的对这三位同学的跳远技术表示了其他看法，有的表达了对刚才

发言同学观点的不同看法，整个跳远的课堂教学有讨论、有争辩，气氛十分热烈。

⑥总结提炼。离下课还有5分钟，教师要求学生总结跳远技术的要求。学生很快总结出练好跳远技术的几个要诀，同时教师布置课后练习。

（三）随机进入式教学

由于事物的复杂性和问题的多面性，要做到对事物内在性质和事物之间相互联系的全面了解和掌握，即真正达到对所学知识的全面而深刻的意义建构是很困难的。人们从不同的角度考虑往往可以得出不同的理解。为克服这方面的问题，教师在教学中就要注意对同一教学内容，要在不同的时间、不同的情境下、为不同的教学目的、用不同的方式呈现。换句话说，学习者可以随意通过不同途径、不同方式进入同样教学内容的学习，从而获得对同一事物或同一问题的多方面的认识与理解，这就是所谓"随机进入式教学"。

随机进入式教学主要包括以下几个环节。

①呈现基本情境。向学生呈现与当前学习主题基本内容相关的情境。如在400米途中跑过程中，学生很容易就联想起"高抬腿""小步跑"及"后蹬跑"等技术动作的教学场景。

②随机进入学习。取决于学生"随机进入"学习所选择的内容，而呈现当前学习主题不同的侧面特性相关联的情境。在此过程中教师应注意发展学生的自主学习能力，使学生逐步学会自己学习。

③思维发展训练。由于随机进入学习的内容通常比较复杂，所研究的问题往往涉及许多方面，因此在这类学习中，教师还应特别注意发展学生的思维能力。在跳远腾空步的教学中，教师向学生讲解的动作要领和提出的问题应有利于促进学生认知能力的发展而非纯知识性提问；同时要注意建立学生的思维模型，即要了解学生思维的特点，例如，教师可通过这样一些问题来建立学生的思维模型，"你对该动作的做法是？""你怎么知道这样做正确，这是为什么？"等。教师可通过提出这样一些问题来注意培养学生的发散性思维，如"请对A同学与B同学的跳远技术动作做出比较"等。

④小组协作学习。围绕呈现不同侧面的情境所获得的认识展开小组讨论。在讨论中，每个学生的观点在和其他学生以及教师一起建立的社会协商环境中受到考察、评论，同时每个学生也对别人的观点、看法进行思考并做出评价。如有些同学提出蹲踞式技术容易掌握，而有些同学认为挺身式技术动作容易掌握，那么我们可以把相关的技术动作都让学生练习下，最后让学生自己体会哪种技术动作容易掌握一些。

⑤学习效果评价。学习效果评价包括自我评价与小组评价。评价内容包括：自主学习能力、对小组协作学习所做出的贡献以及是否完成对所学知识的意义建

构。其例子与支架式教学相同。

三、基于建构主义的快乐体育教学方法分析

教学本身分两大部分："教"和"学"。建构主义强调以学生的学为主体，学习的质量是学习者建构意义能力的函数，而不是学习者重现教师思维过程能力的函数。换句话说，获得知识的多少取决于学习者根据自身经验去建构有关知识的意义的能力，而不取决于学习者记忆和背诵教师讲授内容的能力。

教师是意义建构的帮助者、促进者，而不是知识的传授者与灌输者，学生是信息加工的主体、是意义的主动建构者，而不是外部刺激的被动接受者和被灌输的对象。首先，学生要成为意义上的主动建构者，就要求学生在学习过程中发挥主体作用：第一要用探索法、发现法去建构知识的意义；二要在建构意义过程中要求学生主动去搜集并分析有关的信息和资料，对所学习的问题提出各种假设并努力加以验证；三要把当前学习内容所反映的事物尽量和自己已经知道的事物相联系，并对这种联系加以认真思考。同时把联系与思考的过程与协作学习中的协商过程（交流、讨论的过程）结合起来，以提高学生建构意义的效率。其次，教师要成为学生建构意义的帮助者，这要求教师在教学过程中发挥指导作用：一要激发学生的学习兴趣，帮助学生形成学习动机；二要通过创设符合教学内容要求的情境和提示新旧知识之间联系的线索，帮助学生建构当前所学知识的意义。最后，为了使意义建构更有效，教师应在可能的条件下组织协作学习（开展讨论与交流），并对协作学习过程进行引导使之朝着有利于意义建构的方向发展。在协作学习过程中把问题一步步引向深入，以加深学生对所学知识的理解，同时引导学生自己去发现规律、自己去纠正错误和补充方法。

第五章 体育竞赛活动概述

第一节 体育竞赛活动内涵

一、体育竞赛活动

体育竞赛是一项关于人的体育活动,因此要理解体育竞赛活动的实质,必须首先从认识人的活动出发。

按照一般理解,任何一项人的活动都可以从活动、行动和动作三个层面进行考察。动作(操作、技能)是行动的基础,行动则是活动的手段,直接取决于目的,而活动则取决于动机和需要。缺乏现实的动机和需要,这样的活动就有可能由于无人参与而取消,而缺乏明确的目的,就难以构成行动或使得这样的行动失去应有的成效。

(一)体育竞赛活动要素

与人的其他活动一样,体育竞赛活动同样由若干基本要素所组成。从一般方法学角度,对于任何一项人的活动,首先应当区分活动主体和活动客体,从而区分出主体要素和客体要素。

1. 体育竞赛活动主体及其要素

体育竞赛活动的主体是指构成体育竞赛活动不可缺少的群体。从传统的观点看,体育竞赛活动的主体主要包括两大部分:参赛方和办赛方。按照现代观点来看,除参赛方和办赛方以外,体育竞赛活动的主体还包括观赛方,即观众。不同的主体在体育竞赛活动中,扮演不同的角色,承担不同的职责。

参赛方主要承担的是参加比赛,力争取得优异成绩和战胜对手的任务。在参赛方中运动员承担的是直接参赛,表现自身竞技能力,力争尽可能取得好的成绩,实现为观众服务的职责。毫无疑问,参赛运动员是首要主体,没有运动员就不能称为体育竞赛活动。参赛方中的教练员承担的是指导运动员,而医生和科研人员等其他人员承担的是保障运动员出色完成比赛任务的职责。

办赛方指的是为竞赛活动顺利举行提供组织、管理、服务、监督和保障的人员,即"中立方",包括竞赛技术官员、裁判员、辅助裁判员和仲裁员以及负责接待、市场推广、新闻宣传、安全保卫等方面的人员。

在体育竞赛活动中裁判员是不可或缺的特殊主体成员,因为裁判员承担的职责是直接保证竞赛活动"公平、规范"地进行。裁判员依据竞赛规则和《裁判法》的规定,在比赛过程中对某一(或某些)竞赛事实即刻确定,并据此做出不予或给予处理的相应决定。竞赛技术官员依据竞赛规则和竞赛规程的规定,负责完成与组织竞赛有关的技术性工作,包括确定比赛时间和地点;确认竞赛场地、器材;接受报名和进行运动员资格审查;编排和安排比赛;记录、计算并公布比赛成绩以及处理与此有关的其他事宜。

应当看到,在现代竞技体育中体育竞赛被扩展为内涵更丰富、形式更多样、规模更庞大的体育赛事活动。同样,活动主体也得到了扩展。原来未受到足够重视的观赛方——观众(现场、电视、网络)、协同办赛方——赞助商和媒体成为体育竞赛不可缺少的重要主体。同时近年来又出现了"志愿者"和"啦啦队"等群体分别加入体育竞赛的协同办赛方行列中,形成参赛、观赛、办赛和协同办赛的多元主体格局。

体育竞赛活动主体的要素是指影响不同主体对待体育竞赛活动观念、态度和行为的因素。这样的要素很多,如年龄、性别、职业、居住地区、收入水平、空闲时间、业余爱好等,但是更重要的是他们各自参与到体育竞赛活动中的动机和需要。

著名俄罗斯心理学家列昂捷夫认为:"一项活动与其他活动的主要区别在于它们的对象,正是活动对象使它具有一定的方向……而活动对象就成为其现实的动机口。"所以,研究体育竞赛活动不能脱离活动主体的动机和需要,而上述论断应当成为其依据。

各种不同主体群汇聚到体育竞赛活动中,带有各不相同的动机和需要。有一些是出于职业动机和需要,有一些可能是出于休闲娱乐的动机和需要,再有一些则可能出于展示自我的动机和需要。例如,作为竞赛活动第一主体的运动员,把体育竞赛看作是自己达到最高成绩和战胜对手,从而体验人生、证明自我价值的场所;为了实现这样的目标,他们最大程度地发挥了身体和心理潜力,全身心地投入到体育竞赛活动中,同时也希望得到公平的竞赛待遇。

作为竞赛活动不可或缺的主体成员——观众,从总体上观赏精彩激烈的比赛是他们共同的主要动机和需要,但是由于各自期望胜负的立场不同,因此实际上他们外在表现的态度会有所不同。

对于竞赛活动的重要主体成员——赛事赞助商,他们把体育竞赛活动看作是展示企业品牌和形象的场所;也许某些赞助商并不真正关心比赛胜负,但他们仍然被看作是体育赛事不可缺少的合作伙伴;他们为赛事提供经费资助,但其主要动机总是与扩大自身品牌效应和提高经济效益联系在一起，他们需要得到更高规格的尊重、更多推广自己产品的机会。

竞赛活动重要主体成员之一的赛事媒体把体育竞赛活动看作是为广大群众提供第一手优质信息服务的场所。虽然由于媒体的隶属关系，他们也很关心比赛胜负，但是借助于甚至依托体育竞赛活动这一重要"由头"，获得第一手资料，在行业竞争中扩展生存发展空间，并借此获得或扩大自身效应同样是他们的动机和需要。

竞赛活动另一个重要主体成员——志愿者队伍往往由大学生们组成，他们把体育竞赛活动看作是服务社会，或者今后更好地为服务社会而进行预习和锻炼的场所。恰恰正是活动主体们的这些动机和需要使他们自愿地参与到体育赛事活动中。体育赛事活动的举办方有责任把体育竞赛活动的不同主体汇聚到提高赛事举办质量和效益，扩大赛事知名度和影响力的总目标下，同时应尽可能满足各主体的不同需要。由于体育竞赛胜负难料，因此在这一方面不可能使上述各活动主体的需要都得到满足。而这恰恰是体育竞赛活动的魅力所在，它也成为体育竞赛活动与其他活动之间的重要区别之一。

与此同时，各活动主体的不同动机和需要组合在一起也提升了体育赛事活动的运作难度。因此，在体育赛事活动中需要有制约各活动主体的规则和规范。

2. 体育竞赛活动客体及其要素

体育竞赛活动的客体是指体育竞赛活动主体所完成的活动本身。体育竞赛活动的客体要素则是指该活动的内在结构成分，主要包括体育竞赛活动的内容、形式、条件、终止方式和结果五个方面，分别回答的是"比什么""怎么比""在怎样的条件下比""怎样结束比赛"和"怎样产生结果"的问题。

从方法学视角，在一般活动中，活动客体要素主要指活动内容、形式和条件。但体育竞赛活动则有所不同，它的客体要素中还需包含"终止方式"和"结果"，因为只有规定了统一的"终止方式"，才能得到可比较的活动结果，产生比赛成绩。

（二）体育竞赛活动的性质

从狭义上看，与其他具有竞赛特征的活动一样，体育竞赛是一项以"通过比较确定胜负"作为主要特征的活动。在体育竞赛活动中，参赛运动员在"竞赛规则"制约下进行竞争和对抗，按照规定的标准和程序对于在这种情况下产生的结果进行规范比较和生成比赛成绩，从而产生胜者。所以，体育竞赛活动的实质是"竞争中比强"，比较的是参赛各方实力的强弱。

与其他具有竞赛特征的活动的不同点在于，在体育竞赛活动中，参赛运动员采取比赛行动的内容基础是运动动作，他们通过完成"竞赛规则"允许的运动动作和比赛行动来进行相互竞争或对抗。所以，竞赛实力首先取决于参赛运动员的运动技术和身体素质水平，同时也取决于在心理素质和合理运用战术的保障下，使已有技能和体能在比赛临场达到最高水平并充分地发挥出来。

如上所述，由于现代体育赛事已经成为一个有更广泛人群参与的大活动。所以从广义上看，体育竞赛又是一项以"竞赛"作为主要内容服务于社会大众，并包含了广泛人际关系的活动。

体育竞赛指的不仅是一个竞技项目，还是规模庞大的项目群的竞赛活动总称。所有这些项目竞赛活动内容的共同特点都是有助于提高人的尊严和生活价值，具有普遍的社会意义。这样的活动内容不仅适合于在其基础上不断追求达到更高水平的不同民族、地区和国家的运动员之间的交流，而且还适合于向广大民众推广普及。

在这一内容基础上产生的体育竞赛活动结果不仅反映了该运动员（运动队）的实力水平，而且在相当程度上反映了人们在这方面所具有的能力标准，而在高水平体育竞赛中所获得的最高成绩也间接反映了在当前经济、文化和科学技术条件下对人的潜力的探索中所取得的成果。所以，对于体育竞赛活动的结果，不能仅从功利性、娱乐性的观点来看待，而首先应当从人类自我探索的视角来评定它的认识价值、文化价值、教育价值和科学价值。

体育竞赛中遵循的是通用的，甚至是国际通用的"竞赛规则"，使得不同城市、不同地区、不同国家的同一项目运动员有可能进行竞技实力的较量。在现代社会中"竞赛规则"已扩展到世界范围，如奥林匹克运动会和世界锦标赛等重大体育赛事中。在体育竞赛中创造的各类最高运动成绩和竞技纪录，既能进行横向比较，也能进行纵向比较。在奥林匹克精神——"更快、更高、更强"中使用了"更"这一具有比较意义的字，不仅清晰地表达了体育竞赛的特征，而且还包含了不断追求、不断探索、不断突破的含义。

因此，为了确保在体育竞赛活动中客观真实地产生最高比赛成绩，使比赛结果成为反映人的尊严和价值、具有普遍社会意义的成果，确保真正的强者成为比赛的胜者，就必须从制度和道德层面对体育竞赛的各个环节的公平和规范提供全面的保障。

（三）体育竞赛活动的基本准则

体育竞赛的基本准则是"公平、规范"。"规范"是从竞赛制度层面来体现，而"公平"则是从竞技道德层面保障体育竞赛活动的纯洁性、客观性和真实性。体育竞赛活动要是缺乏"公平"和"规范"，不仅失去了体育竞赛本身的含义，同时也失去了它存在和发展的社会价值。

1. "公平"竞赛的要求

"公平"的体育竞赛活动要求体育竞赛各有关方面人员自觉遵循体育伦理道

德和职业道德操守，严格遵守"竞赛规则""竞赛规程"和其他有关规定。体育竞赛技术官员和裁判员（包括辅助裁判员和仲裁员等）应当确保每一位参赛运动员拥有同等参赛机会、拥有在相同的比赛条件下创造最好运动成绩和获得比赛胜利的可能性，并且在处理竞赛纠纷事件时，严格保持公平公正的态度，绝不袒护某一方。与此同时，参赛运动员、教练员和参赛方的其他人员应当确保运动员个人参赛资料的真实性和不使用任何违禁药物，始终保持尊重对手、诚实参赛的态度。

在重大国际体育赛事，如奥运会比赛中一些运动员不仅表现出高超的运动技能水平，而且在体育道德方面同样为其他运动员树立了优良的榜样，受到广大观众、运动员和教练员们的一致赞扬。

例如，在2004年雅典奥运会体操比赛中俄罗斯著名体操运动员涅莫夫遭到裁判员的不公正待遇，全场观众起立，举手挥旗对裁判员的打分结果表示极度不满，并持续发出嘘声，致使比赛不得不暂时中断。这时候感动万分的涅莫夫转过身面对现场观众，挥手以示感谢，同时请求观众平静下来，给下一位运动员一个安静的比赛环境，表现了一名优秀运动员良好的体育道德素质。

1964年国际奥委会创立了"国际公平竞赛奖"，分为三个奖项：表彰表现公平竞赛行为的运动员的"顾拜旦奖"、表彰终身遵循公平竞赛原则的个人的"伯罗特拉奖"和表彰宣传公平竞赛的个人或组织的"道默奖"，由国际公平竞赛委员会和国际体育记者协会共同负责评选。

2011年1月27日在国际奥委会所在地洛桑举行了2010年度"国际公平竞赛奖"揭晓和颁奖仪式。中国男子摔跤运动员高峰被授予"顾拜旦奖"，以表彰他在2010年第16届亚运会（广州）摔跤比赛中所表现出来的公平竞赛精神和良好的体育精神。这是中国运动员首次获得该奖项。

但是在市场经济条件下，当运动员在一些重要体育赛事中，特别是在职业联赛中取得比赛胜利、获得优异成绩，尤其是获得冠军时，他们就可能得到丰厚的物质奖励。所以，运动员和教练员难免受到各种物质利益的诱惑。在这种情况下，要是没有严格的法律法规和体育伦理道德的约束，就难免会有个别教练员和运动员在利益驱动下不择手段，甚至铤而走险去追求比赛胜利；若是设置过高的比赛奖金还有可能导致参赛方的价值观扭曲。可见，为了确保公平竞赛，加强体育伦理道德建设是何等重要。

2."规范"竞赛的要求

"规范"的体育竞赛活动是指整个比赛过程的各个环节，从竞赛场地、设施设备到运动员的个人竞赛器材；从运动员的技术动作到行为举止等都要严格按照标准和制度来执行。总体上可以包括两个层面：建立健全制度和严格执行制度。

建立健全制度层面就是完善"竞赛规则""竞赛规程"《裁判法》和有关文件中对竞赛内容、形式、条件的设定、对结果的考量方法、对犯规的界定及惩罚规则以及处理竞赛纠纷事件的办法和程序等的规定。严格执行制度层面就是要求临场裁判员和其他技术官员在执裁过程中要不断提高依据上述规定准确有效地处理各种有关竞赛事实的能力。

国际单项运动联合会作为"制度"的制定者，通过不断地修改"竞赛规则"，精化和细化概念，以便保障规则条款得到准确贯彻执行。技术官员和裁判员作为"制度"的具体执行者，则通过不断提高职业道德水准和裁判技能，同时在现代体育竞赛中广泛使用依赖电子信息技术的辅助裁判器、比赛实况图像监督等协助工具对体育竞赛过程中发生的事实做出准确的判断，从而提高执行的精度和效度。

值得一提的是，在不同竞技项目的竞赛活动中，临场裁判员对竞赛事实的即刻确定并做出相应处理决定的要求和方式是不同的。依据执裁的内容和形式，可以分为测定、评定、判定和确定四种方式。

测定，是指利用测量工具，按照度量衡单位对运动员实际完成的比赛结果所做出的测量性决定，主要用于田径、游泳、自行车、赛艇、皮划艇、射击、射箭、赛车等竞技项目的裁判工作中。

评定，是指依据"竞赛规则"确定的技术动作规范标准，通过对运动员实际完成的动作质量做出的定量评价性决定，主要用于竞技体操、艺术体操、花样游泳、花样滑冰、武术套路等竞技项目的裁判工作中。

判定，是指依据"竞赛规则"的规定，针对运动员在完成比赛行动过程中发生的犯规事实做出的判罚性决定，主要用于球类、个人对抗性以及其他各个竞技项目的裁判工作中。

确定，是指依据"竞赛规则"的规定，对运动员在完成比赛行动过程中出现的导致得分或取胜，或者违例的事实做出的确认性决定，主要用于球类、个人对抗性等竞技项目的裁判工作中。

测定、评定、判定和确定是四种不同的执裁方式，分别针对不同的执裁内容，具有不同的职能和权限。规范体育竞赛活动，同样也包括规范上述执裁方式，特别是在球类项目的竞赛活动中。例如，在篮球比赛中裁判员面对的是针对比赛过程中的某些竞赛事实，包括得分、犯规、违例等，分别做出不同的处理决定。尽管这些都属于必须执裁的内容，但是应当采用的执裁方式却不同。对犯规，包括技术犯规都要进行判罚，这在程序上称为"判定"。而对于违例只进行处理，但不判罚；对于球入篮筐，不鸣哨，甚至不停表。裁判员无权把未进入篮筐的球"判"为进球，同样无权把已进入篮筐的球"判"为未进球。所有这些从程序上都只属于"确定"。

由此可见，"判定"和"确定"是两个不同概念的执裁方式。无论在理论上，还是在竞赛实践中，都应当予以明确的区别。对于裁判员的某一"判定"具有争议，从法理上，对这样的"判定"临场不能进行改变，否则就无法维持竞赛秩序。但是对于裁判员的"确定"具有争议,无论从法理上,还是情理上都应当临场予以澄清,如确有失误,应当立即纠正。所以,不能把"确定"程序转变为"判定"程序,因为这样的转变就意味着裁判员权限的扩大。例如,在网球比赛中,对于判断球处于界内,还是界外,仅仅属于"确定",而不属于"判定"的内容。由于球速往往很快,男子运动员的发球可以达到每小时200千米以上,因此在实践中裁判员难免会出现判断失误。于是国际网球联合会和职业网球联合会在网球比赛中采用了现代信息技术设备,俗称"鹰眼",在必要时用于协助裁判员进行"认定"。当运动员对裁判员的"确定"产生异议时,可以提出申诉,使用"鹰眼"进行重新"确定"。而"鹰眼"的认定结果就被看作是最终结果。这样的做法不仅提高了临场认定的精度,人性化地解决了争议,而且从法理上妥善区分了"确定"和"判定"概念。同样在足球比赛中,球是否已经越过球门线,即是否已进球,也仅仅属于"确定"。对于进球这样重要事实的认定,一旦出现偏差,绝不能用裁判员未看清而当作理由,更不能在"竞赛规则"和《裁判法》上为临场纠正这样的失误设置障碍。

现代信息技术为进一步规范体育竞赛活动,为提升对重要竞赛事实"确定"的精度提供了广泛的可能性。不仅在网球和斯诺克等竞赛项目中,自从在跆拳道比赛中开始使用电子护具,对是否击中有效部位的事实确定的准确程度也得到明显的提升。

在体育竞赛活动中只有严格遵循"公平、规范"的基本准则,才能为体育竞赛营造一个人人都受到尊重的公正和谐氛围,才能通过诚实竞赛产生真实的竞赛结果,才能确保一个综合性运动会、一项重要体育赛事,甚至一场比赛高质量地进行,使广大观众感到满意。

国际奥林匹克委员会前主席萨马兰奇先生曾指出:"奥林匹克主义是为了创造一种生活方式,它通过个人拼搏、榜样的示范与尊重人类的普遍伦理原则给人以快乐。"

体育竞赛活动恰恰是实现萨马兰奇先生所指出的这种生活方式的重要途径。而这一活动能否成为通过激烈有序竞争、为年轻人树立人生榜样、提升人的价值和促进人类和谐的领域,在决定性程度上就取决于能否遵循"公平、规范"的竞赛准则。

保持"公平竞赛、规范比较"是体育竞赛活动对社会和全体观众应有的承诺,也是体育竞赛活动生存和发展的基本前提,更是体育竞赛活动体现自身价值的真谛。缺乏公平和规范的竞赛活动最终必将遭到社会和观众的唾弃,企图在体育竞赛活动中愚弄观众的人最终被愚弄的往往是他自己。

二、"竞赛规则"和"竞赛规程"

"竞赛规则"和"竞赛规程"被视为是体育竞赛活动的"法律"和"法规",

也是体育竞赛活动中确定具体做法和处理问题的基本依据。"竞赛规则"针对该竞技项目的所有竞赛活动，而"竞赛规程"则针对该竞技项目的某一项具体赛事。

（一）"竞赛规则"

"竞赛规则"是对该竞技项目整个竞赛活动构成的规定。其内容包括竞赛场地和设施条件、基本概念和相关概念、竞赛活动内容和方式、允许和不允许的技术动作和行为以及客观比较、获得成绩和判定胜负的原则和方法等。

"竞赛规则"按照单个竞技项目制订。国际通用的单项"竞赛规则"由国际单项体育联合会的技术委员会负责制订；各个国家单项体育协会也可根据本国情况，制定适用于本国的单项"竞赛规则"。

"竞赛规则"的基本形式："国际或×国××项目竞赛规则"，或"×体育组织（例如NBA）竞赛规则"等。

一般来说，"竞赛规则"具有三项基本职能。

1. 规定本竞技项目的基本特征

每一个竞技项目都有独特的、区别于其他竞技项目的特征。"竞赛规则"的基本职能之一就是规定本竞技项目的基本特征。"竞赛规则"中对该项目竞赛活动的内容、形式、条件以及参赛者技术动作、行动和行为做出具体规定。国际单项体育组织对"竞赛规则"的每一次修改都可能引起该竞技项目基本特征一定程度上的改变。

无论是组织体育竞赛，还是指导运动训练，深刻认识竞技项目基本特征是第一位的，因为这是做好本职工作的前提和依据。从组织体育竞赛角度，只有这样才能营造"公平竞赛"，这样才有利于运动员创造优异比赛成绩的环境；而从指导运动训练角度，只有这样才能准确把握"制胜规律"，真正做到"从实战出发"，使运动员掌握并不断提高符合本竞技项目基本特征所要求的高水平竞技能力，力争在比赛中获得优异成绩。

2. 确保本竞技项目的公平竞赛

"竞赛规则"的基本职能之一是坚持"公平、规范"的基本准则，确保在规范的竞赛活动中通过真实表现和客观比较，得出真正的胜者。"竞赛规则"是制定本竞技项目的"裁判法""竞赛规程"和其他相关文件的主要依据。

100多年来，国际奥林匹克委员会和各国际单项体育组织始终在维护"公平竞赛、规范比较"方面做了不懈努力。他们通过定期对"竞赛规则"的修改，进一步确切基本概念和各条款内容，使其更精确，以便保障本竞技项目体育竞赛活动的公平、规范地进行。

3. 促进本竞技项目的持续发展

"竞赛规则"的另一项基本职能是有利于推动本竞技项目的持续发展。根据传统认识,对"竞赛规则"不断修改和完善的目的主要是为了确保竞赛活动公平公正地进行,而如何有利于其在更大范围内的推广发展则是近几十年的新认识。

各国际单项体育联合会通过对"竞赛规则"的修改,一方面从增强本竞技项目比赛的可观赏性出发吸引更多的观众出席观看比赛、参与体验本项目的竞赛活动;另一方面使本项目的比赛过程能为赞助商的商业推广和各类媒体的宣传提供更多更大的时间空间,从而推动本项目与时俱进地持续发展。例如,为了借助于市场化和商业化运作,使职业篮球在美国以及其他国家和地区蓬勃发展,美国职业篮球联赛率先对"竞赛规则"进行了反复修改,限制一侧,又放宽另一端,做了许多的尝试。又如国际排球联合会对排球比赛做了重要改革:设置每球得分、技术暂停、允许发球擦网等;国际乒乓球联合会对乒乓球比赛做了较大的改革:改用大球(40毫米)、每局得分从21分改为11分等;国际射箭联合会对射箭比赛的赛制进行了改革,采用奥林匹克淘汰制等,从而使对抗更激烈、比赛更精彩,推动本项目的普及和发展。北京奥运会后,一些国际单项体育联合会积极酝酿对"竞赛规则"的修改,如现代五项、击剑等项目。

虽然"竞赛规则"的首要宗旨是确保体育竞赛活动的"公平竞赛"本质,但是在现代竞技体育中它同样应当承担推动本竞技项目向着有利于持续发展方向前进的职责。这也是各大国际单项体育联合会当今面临的重要课题之一。

(二)"竞赛规程"

"竞赛规程"(Regulation)是依据该竞技项目制订的,对某一项具体竞赛的专门规定。其内容包括竞赛名称和组织事项、参赛办法、竞赛办法、确定成绩和名次办法、奖励和处罚办法以及处理争议的途径和办法等具体举办事宜。

"竞赛规程"是由赛事主办方根据"竞赛规则",针对某一具体的系列比赛或赛事,例如联赛、杯赛、锦标赛或大奖赛等,并结合本赛事的宗旨和任务制订的。

"竞赛规程"的规定虽然不是针对竞赛内容和运动员的具体技术动作,但它同样对该运动项目的特征会产生一定的影响,有时候是较大的影响。

例如,在斯诺克世界锦标赛中采用的是"长局制"。在1/8赛以前采用25局13胜制;1/4赛和1/2赛采用33局17胜制;而决赛采用35局18胜制。这样的赛制对运动员对抗身体疲劳和心理疲劳的能力提出了不同于其他赛制的更高要求。

"竞赛规程"的基本形式:"××联赛或锦标赛竞赛规程"。

"竞赛规程"同样具有三项职能。

1. 确保"竞赛规则"的原则和各项规定的准确实施

"竞赛规程"的基本职能之一是确保"竞赛规则"的原则和相关规定,特别是"公平、规范"的基本准则被严格、准确地执行于竞赛活动组织的全过程中。在必要情况下,采用补充性措施保障其实施。

例如，在采用循环—淘汰制比赛中，运动员为了选择下一轮对自己更有利的对手，可能在某场比赛中故意"求输"不争胜；甚至进行不道德"交易"。为了避免这种情况的出现，在国际性足球赛事的"竞赛规程"中规定，把分组循环的最后一轮比赛安排在同一时间举行（不同地点赛场）；在职业网球赛事中则经常采用提高分组循环最后一轮比赛胜者奖金数的措施等。

2. 确保该项赛事的有序举办

"竞赛规程"是具体制约某一项赛事的格式化工作方案。所以，它的基本职能之一是确保该项赛事各个基本环节得到有效保障、运转有章可循，相互间有机衔接。除了以上提到的各项必要内容以外，赛事举办方可依据实际需要，增加若干条款内容。例如，国际排联改变以往胜队得2分、负队得1分的记分办法，而在世界男排锦标赛中采用3∶0和3∶1的场次，胜队得3分，负队得0分；3∶2的场次，胜队得2分，负队得1分的记分办法。在讨论中甚至有过赢1局积1分的提议。当比分为3∶0时，胜队得3分，负队得0分；比分为3∶1时，胜队得3分，负队得1分；比分为3∶2时，胜队得3分，负队得2分。又如，世界台球联合会在斯诺克赛事中取消了对单杆147分的单项奖，而改为对单杆最高分的单项奖。

由于现代体育赛事的活动内容和参与群体的扩展，因此"竞赛规程"不仅要确保参赛各方人员的权利，也要充分顾及观众、赞助商和媒体的权利得到尊重，尽可能满足他们的需求，以便在既热烈，又和谐有序的氛围下，高质量地办好本项赛事。

3. 有助于该项赛事的有效推广和发展

大型体育赛事的"竞赛规程"既要坚持本项赛事的传统风格和高质量的办赛标准，也要结合赛事举办国和举办城市自身文化传统和自然环境特点办出特色，提供可能性和留有足够的空间，为举办方逐步形成"品牌赛事"提供必要支持。

在制订编排方案和抽签办法，确定比赛成绩、名次和奖励办法时，"竞赛规程"同样应当顾及为该赛事的市场化运作提供积极保障的可能性。

综上所述，"竞赛规则"和"竞赛规程"的首要职能都是确保"公平竞赛、规范比较"，但是在这一前提下，"竞赛规则"和"竞赛规程"都应当充分顾及对赛事市场化宣传推广的需要，尽可能从时间和空间角度为其提供最大的可能性，以便使本项赛事受到更大范围的关注，发挥出更大程度的影响力，推动本项目的持续发展。

三、体育竞赛伦理道德

为了确保公平竞赛，尽管在"竞赛规则"中对体育竞赛参加者的行为和行动做了严格规定，但是"竞赛规则"以及依其制定的《裁判法》更多阐述的是"不得为之"，而体育竞赛伦理道德启示中还包括"当何为之"。

现代奥林匹克运动会的先驱顾拜旦先生认为:"精英完全出自平等,因为在比赛中仅仅取决于他身体的先天优势和取决于他训练意志所达到的水平。"为此,根据《奥林匹克宪章》的规定,在每一届奥运会的开幕式上运动员和裁判员都要宣誓遵守体育道德和保持公正态度。

奥林匹克伦理的核心是崇尚公正、正义,反对暴力,反对使用违禁药物,主张公平竞赛,以便保证客观和真实的竞争结果;主张通过增强体质和意志品质培养,使人得到全面发展,通过体育与文化教育的结合,使人的身体素质和道德素养获得和谐发展和提高。

体育竞赛绝不能被看作是一项单纯争夺金牌的竞技活动。体育竞赛的参加者们,包括运动员、教练员、裁判员和竞赛官员都应当坚持良好的道德品质,共同确保公平竞赛,发挥示范和榜样作用,从而使体育竞赛活动获得应有的道德价值和教育价值。

每一名参赛运动员都应当具有高尚的体育道德,在自觉遵循"公平竞赛、规范比较"准则的前提下去努力争取获得比赛胜利;既要尊重自己,更要尊重对手和观众,不做任何有违体育道德行为的事;不仅自觉服从裁判员的判决,而且当裁判员做出误判时,要主动向裁判员示意纠正。

孔子曾经说过:"君子无所争。必也射乎!揖让而升,下而饮,其争也君子。"意思是,即使是射箭比赛,也是先作揖,彼此谦让后才比赛,赛后还饮酒,这样的争,是君子的争。

在重大国际赛事中,如奥运会比赛中一些著名运动员不仅表现出高超的运动技能水平,而且在体育道德方面同样为其他运动员树立了优秀的榜样,受到广大观众、运动员和教练员们的一致赞扬。但是难免会有运动员、教练员、裁判员和其他有关人员参与到人为制造不公平竞赛,从中谋取不义之财。

(一)违反体育道德的突出表现

在现代竞技体育中,有违体育道德规范突出表现在以下几个方面。

1. 使用违禁药物

1988年汉城奥运会上,加拿大短跑名将本·约翰逊以9秒79的成绩打破了100米跑的世界纪录,一举成为加拿大民族英雄。但是,这一辉煌只持续了3天。3天后本·约翰逊的药检呈现阳性,被证实使用违禁药物。于是世界纪录取消,金牌易主。这位一度被誉为"代表人类运动极限的人",成为"当代最大的兴奋剂丑闻的主角"。

美国短跑女将琼斯在隐瞒服用兴奋剂事实7年后,在母亲的陪伴下到美国联邦法庭主动承认曾经服用违禁药物,并上交了3枚奥运金牌、2枚奥运铜牌;她还将交纳50万美元的罚款。几乎一夜之间,美国体坛黑幕也揭开了冰山一角。

同时还报道出,职业自行车运动员中存在着相当严重的服用违禁药物的情况。

2. 伪造运动员年龄和身份

在对运动员的年龄有限制的比赛(如青少年、青年比赛)中,运动员的年龄问题也是违反"公平竞赛"的突出问题之一。通过改变实际年龄,造成既有"以小打大"(如体操,因为国际体操联合会规定女子体操运动员须满16周岁方可参加国际重大比赛),也有"以大打小"(如球类项目)等问题。为此,各相关协会已经加大了对运动员资格审查和医学检测的力度。

据《新民晚报》(2009年7月10日)报道:2009年全国少年乒乓球比赛南、北赛区首次使用骨龄检测。北方赛区共有129人接受骨龄检测,结果58人不合格,其中9人被取消参赛资格;南方赛区有130人接受检测,有32人不合格,19人被取消参赛资格,骨龄不合格率达到34.7%。另外,2010年4月29日,国际奥委会宣布,因参加2000年悉尼奥运会中国女子体操队的运动员董芳霄当时未满16周岁,违反了国际体操联合会16岁方可参赛的规定,取消中国女子体操队在悉尼奥运会上获得团体铜牌的名次,由第4名美国队递补获得这枚铜牌。

3. 参与打"假球"、赌球

运动员参与"假球"、赌球不仅违反了"公平竞赛"的基本原则,还违反了普通公民的基本道德规范,而且触犯了国家法律。

2010年3月我国司法部门依法介入职业足球超级联赛中存在多年、发生多起的"假球"和赌球事件,涉案人中不仅有俱乐部管理层、裁判员,而且有足协高层管理人员。

4. 裁判员受贿

在国际和国内比赛中有发生裁判员收受贿赂,而做出有利于某一方运动员判决的事件。例如,因涉嫌赌球和操控比赛入狱的前美国职业篮球联赛裁判蒂姆·多纳西曾在2005年火箭队与小牛队的季后赛中,受指使有意识连续判姚明犯规。他凭自己的丑陋经历断言,2009～2010赛季湖人队与凯尔特人队的"抢七"大战实为美国职业篮球联赛官方安排,湖人队夺冠早已内定。与此同时,被我国警方逮捕的3名中国足球知名裁判员有收受俱乐部贿赂和在比赛中做出有利于该队判罚的行为。此外在花样滑冰、击剑、体操、摔跤等竞技项目的国际比赛中也时见裁判员有意偏袒一方的事件。

5. 赛场上的不道德行为

在对抗性项目的竞赛活动中针对对方主要运动员故意采用"粗野"的和伤害性的动作;足球运动员的"假摔";使用不堪入耳的语言辱骂裁判员或对方运动员;用非人道的动作侮辱裁判员或对方运动员人格等。

6. 利用高科技手段作弊

在现代体育竞赛中广泛使用了高科技成果。例如,在跆拳道比赛中采用了电子护具，限制了裁判员的人为因素，提高了对是否击中有效部位的认定精度，对体育竞赛的规范发挥了积极作用。

在申办奥运会和世界杯足球赛等重大国际体育赛事时曾多次发生贿赂拥有表决权的官员的丑闻。例如，在冬季奥运会史上曾发生了震惊国际体坛的盐湖城丑闻。若干名国际奥委会委员受贿并承诺在申办2002年冬奥会时投盐湖城赞成票，极大地败坏了国际奥林匹克委员会的声誉。这10名国际奥委会委员最终被清除出国际奥委会。又如，2010年10月20日国际足联宣布，因向记者假扮的2018年世界杯申办城市人员索要贿赂，两名国际足联执委被临时停职。他们是来自尼日利亚的阿莫斯·阿达穆和大洋洲的雷纳尔德·特马里。接着同年11月18日国际足联日开出了他们106年历史上最严厉的一张罚单：对6名涉嫌贿选丑闻的高官，其中2名执委，分别禁止参与足球工作1～4年，使得这2人失去了投票决定2018年和2022年世界杯举办国的资格。

随着互联网向世界范围的扩展，非法博彩已成为世界体育面临的新问题。2011年3月1日国际奥委会在瑞士洛桑召开打击非法及违规体育赌博会议。国际奥委会（IOC）主席雅克·罗格在会上做了题为"非法博彩：国际体育新祸根"的报告。他指出："2010年全球非法体育博彩涉及金额高达1400亿美元，比许多发展中国家的全年收入还高。"与此同时，合法博彩业总收入约为530亿美元；"非法体育博彩已成为世界体育的一大威胁，成为操纵比赛结果、洗钱的'近亲'。"世界反兴奋剂机构（WADA）总干事大卫·霍曼提议，国际奥委会应设立类似的管理机构，防止非法博彩蔓延。罗格呼吁，在体育组织、政府和国际刑警组织间需要建立沟通机制，尤其需要依靠各国政府、获取司法支持。以上列举的这些行为都损害了体育道德规范，违背了奥林匹克精神和体育竞赛原则，极大破坏了体育竞赛的秩序。这种行为不仅损害了他人的利益，丧失了自己的人格尊严，而且还严重败坏了体育竞赛活动在广大人民群众心目中的形象。所以，绝不能容忍这些现象的继续存在，必须采取积极有效的措施坚决制止。

（二）严厉制止不道德行为的蔓延

国际奥委会自20世纪80年代之后，下决心采取强有力的措施制止违禁药物的蔓延。前国际奥委会主席萨马兰奇指出："服用兴奋剂的行为违背体育道德、医学道德，有悖于公平竞争的精神，并且与尊重运动员身体健康、构成奥林匹克运动基石的基本原则背道而驰，也践踏了由国际奥委会、国际单项体育联合会以及各国奥委会所颁布的竞技体育的法规。"

为了加强反兴奋剂工作，净化整个国际体坛，国际奥委会于1999年成立了世界反兴奋剂机构，加强了反对兴奋剂的宣传教育，提出了"真实比赛"（Play True）的口号，同时加大了对违禁药物检测和处罚力度，在维护奥林匹克运动的尊严方面，取得了令人瞩目的成就。但是应当看到在高水平竞技体育中，反兴奋剂斗争将是一个漫长、艰难、复杂的过程，只有持之以恒才能取得显著效果。

国际奥委会于1999年成立了"道德委员会"，"主要负责研究国际奥委会中形式多样的责任制度，具体说就是奥运会举办城市的申办程序、投票方式以及筹组和举办事宜等。同时，也负责推动一些有积极道德意义的活动，保证机构的透明和贯彻道德原则时的各方责任，监督执行各项规定及行为准则。"道德委员会由3名国际奥委会委员、1名运动员和4位有独立观点、能力出众、有国际声望并被外界公认的知名人士共同组成。在组建这一委员会的大会结束时，前国际奥委会主席萨马兰奇先生指出："推动道德文化是国际奥委会每个成员的责任，对于奥林匹克理想，无论什么时候，什么地方，我们都应该身体力行。"

同时，各单项国际体育联合会通过各自的"竞赛规则"，一方面对运动员在比赛中出现的有违体育道德的行为加大处罚力度，例如判处技术犯规；另一方面对裁判员在比赛中的执裁行为加强有效的监督，一旦发现有违体育道德行为，同样予以必要的处罚。

国家体育总局为我国体育竞赛工作制定了"严肃、认真、公正、准确"的"八字方针"，就是要求把确保"公平竞赛"自始至终落实到整个竞赛活动的每个环节中。

在现代竞技体育中，以奥林匹克精神为核心内容的体育道德规范与"竞赛规则""竞赛规程"和其他有关规定一起，对体育竞赛活动的健康有序开展起重要的保障作用，为运动员在比赛中创造优异运动成绩提供最大的可能性。在比赛中运动员表现的崇高体育道德风范赋予体育竞赛活动更高的教育价值和文化价值，使得它受到更多人民群众的关注和欢迎，也使得它在追求富强、民主、文明、和谐的社会中持续、稳定地得到发展。

第二节 体育竞赛活动的目的和组织原则

一、体育竞赛的目的和任务

（一）体育竞赛的目的

对于体育竞赛的目的可以从两层含义上来理解。从狭义上，体育竞赛的目的是根据"竞赛规则"的规定，在"公平竞赛""真实比赛"的条件下，保障运动员在比赛中创造或获得优异成绩。例如，每四年都要举行奥运会和世界杯足球赛，每年都要举行全国锦标赛和全国联赛，在这些竞赛活动中应当力争获得优异运动成绩和争取创造新的纪录。但体育竞赛的目的远不限于此。

从广义上，除上所述，现代体育竞赛活动还包括广泛的人际关系，除了运动员、教练员和技术人员以外，还包括赛事赞助商、新闻媒体和广大观众。特别是依靠现代传媒手段，使得当今一些重大体育竞赛活动，如奥运会和世界杯足球赛达到几十亿观众人次。由此不仅有力地推动了该竞技项目在更大范围内的普及和提高，而且对经济、政治、文化、社会和人的发展产生了很大影响。

现代奥林匹克运动已经不仅仅是一项单纯的体育竞赛活动，而是一项世界性的体育文化和教育活动，弘扬全人类团结、友谊、和平的崇高精神。在奥运会期间，围绕体育竞赛活动，展开一系列经济、政治、文化和社会活动。在奥运会结束时，不仅在体育方面获得了重要成就，在其他一系列领域中同样也取得了许多丰硕的成果。现代体育竞赛活动无论是内容和形式，还是成果，都已大大超越了体育竞赛活动本身，进而扩展到更广阔的领域，具有更深远的意义。

所以从狭义上，体育竞赛的目的，除了在公平竞赛的条件下保障运动员创造优异运动成绩以外，还包括促进经济、政治、文化和广泛的人际交往等方面的目的。

（二）体育竞赛的任务

①按照"竞赛规则"和"竞赛规程"的规定和要求，以及本项体育竞赛活动的传统，设置统一规范的竞赛条件，营造公平竞赛的环境，保障运动员创造优异运动成绩。

②严格按照"竞赛规则"和"竞赛规程"的规定和要求，通过测量、评定、确认或其综合方法确定比赛成绩、比赛胜负和比赛纪录；在系列性竞赛中，累计计算成绩，排列比赛名次。

③借助于现代传媒手段，扩大对体育竞赛活动的宣传和推广，以便吸引更多观众的参与，促进该竞技项目的普及和提高。

④通过完善"竞赛规则"和"竞赛规程"，优化比赛过程，不断提高比赛的可观赏性，也为广泛传播推广提供更大的可能性。

二、体育竞赛的组织原则

与其他应用性学科一样，在体育竞赛理论中具有首要意义的是探索反映体育竞赛实践活动领域中的基本规律性，并由此形成具有指导意义的方法原理和原则。体育竞赛的基本组织原则包括以下几个。

（一）确保最高运动成绩原则

确保最高运动成绩原则是组织体育竞赛活动的基本原则之一。如上所述，竞赛活动的本质就是通过现实比较揭示胜者，促进运动成绩的不断提高。所以，无论是组织普通的体育比赛,还是国际大型体育赛事,体育竞赛组织者面临的重要任务之一,就是全力保障运动员在比赛中充分发挥自己的竞技水平,获得尽可能高的运动成绩,创造新的纪录。

作为体育竞赛组织者,如果只顾比赛的组织,而不关注最高的运动成绩;如果只关注比赛的最终名次,而不关注获得这些名次的运动员所达到的运动成绩水平,那么他就不是一名合格的体育竞赛组织者,充其量只是一名体育表演组织者。

为了更好地贯彻"确保最高运动成绩原则",要求体育竞赛组织者全力保障比赛场地、比赛设备和器材、裁判集体达到和保持最佳状况,为运动员提供一流的训练和比赛条件、适宜的生活设施和环境,确保比赛的安全。在保障运动员达到最高运动成绩与赛事市场化推广之间,原则上后者应当服从前者。

(二)公平竞赛原则

公平竞赛原则是组织体育竞赛活动的基本原则之一。体育竞赛活动的组织者应当确保整项竞赛活动中自始至终体现"公平竞赛"精神、遵循体育伦理道德规范。

为了更好地贯彻"公平竞赛原则",要求体育竞赛组织工作确保不同性别、不同年龄、不同国籍和不同肤色的所有参赛运动员都具有同等参赛并在比赛中创造优异成绩,获得胜利的机会。为此,应当确保他们具有同等的熟悉比赛场地、参加比赛、出场试做、间歇时间和得分机会;确保他们享有同等的食宿、交通和休息的条件。同时使他们具有同等的受奖励或受处罚的待遇,而绝不能有意偏袒某一方,为"大牌"和"明星"运动员提供任何特殊待遇和条件,而置大部分运动员的公平而不顾。为此,体育竞赛组织工作要接受全体参赛人员、新闻媒体和广大观众的监督,加强仲裁和处罚力度。

确保竞赛活动公平竞争原则的实施不仅是体育竞赛管理者、裁判员和仲裁人员的任务,同样也是所有参赛运动员和有关人员的基本责任。

(三)规范比较原则

规范比较原则是组织体育竞赛活动的基本原则之一。贯彻"规范比较原则"要求体育竞赛组织工作确保竞赛场地、设施、设备和器材等竞赛硬件条件;运动员参赛资格、个人装备和器材;竞赛办法、比赛过程各个环节,对比赛成绩的度量工具、方法和程序都要完全符合《竞赛规则》的相应规定。只有严格遵循这一条原则,才能确保最终得出真实可靠的比赛成绩。

国际单项体育联合会通过对《竞赛规则》的定期修改,从概念、办法和程序上不断完善"规范比较"。而现代信息技术则为提高"规范比较"的精确程度提供了必要的技术支撑,并且具有不断优化的广泛可能性。

（四）增强比赛可观赏性原则

现代体育赛事存在和发展的重要条件之一是观众作为体育赛事重要主体的广泛参与，而吸引观众积极参与的重要因素就是不断增强比赛的可观赏性。

决定体育竞赛活动是否具有可观赏性的因素很多，受到地理环境、民族传统、风俗习惯、文化价值等多方面的影响。

贯彻"增强比赛可观赏性原则"要求体育竞赛组织者积极创造条件，使比赛保持激烈的竞争和对抗，促使运动员创造优异运动成绩；鼓励和保护受观众欢迎的高端技术动作表现；充分顾及观众对比赛过程的掌握和参与程度；尽力压缩或排除易使观众"烦躁"和"疲劳"的单调重复环节等。

（五）有利于宣传推广原则

现代体育赛事存在和发展的另一个重要条件是通过宣传推广不断扩大该体育赛事及其举办城市的知名度和影响力，提升体育赛事的经济、社会和文化价值。随着现代科学技术，特别是网络信息技术的持续进步，体育赛事宣传推广的手段不断得到扩展。

贯彻"有利于宣传推广原则"要求体育竞赛活动的组织者：第一，在赛场内外尽可能为体育赛事进行宣传推广，包括商业推广提供更大的可能性；第二，定期举办明星运动员的媒体见面会或其他活动，为各类媒体提供更多了解和获取有关信息的机会；第三，在赛事举办期间为各类媒体做好信息服务工作。

第三节 体育竞赛活动的内容和形式

从历史唯物主义的观点出发，任何现象和事物的形成与发展都离不开当时的经济、政治、社会、文化环境和人的需要。研究体育竞赛活动的客体要素同样也要由此出发，揭示其与各个时期的经济、政治、社会和文化发展之间的紧密联系。虽然每个竞技项目的竞赛活动都有不同于其他、独特的竞赛内容、形式、条件、终止方式和结果，但同样表现出一定的共性。

任何活动项目或其组合，只要能够按照竞赛活动的特征和各要素的特点进行规范的话，原则上它们都可以成为竞赛活动的客体。但是，由此也不是说所有的活动项目都有可能成为竞技项目。这是因为，竞技体育的人道主义基础要求在竞技体育领域中只能包含那些能反映人的崇高价值观、表现人的尊严并且具有广泛社会意义的活动项目。

尽管如此，仍有少数人至今热衷于组织所谓的比赛活动，例如有损青少年健康的"呼啦圈"比赛；组织所谓"搞笑"的、有损人的尊严的比赛，例如吃"汉堡包"比赛、超人体极限的所谓"大力士"比赛、"喝啤酒比赛"，甚至设立喝啤酒纪录等。

经过100多年的实践与发展，现代奥运会设置28个竞赛项目，尽管对其中个别竞赛项目仍存有一定的异议，并在不断地进行适当调整之中。但总体上看，从世界各国民众对奥运会比赛的高度热情，足可以看到各个奥运竞赛项目本身所具有的崇高人道价值。

一、体育竞赛内容

体育竞赛内容是指运动员在竞赛活动中完成的本项目特有的比赛行动和由此表现的专项竞技能力。

按照"活动取决于动机、行动取决于目的"的行为逻辑，"比赛行动"是指运动员在比赛中完成的服从于本项目竞赛活动一般逻辑、有明确目的的完整动作组合。运动员在比赛中根据比赛目的采取的各种完整行动都可以看作是"比赛行动"。各个竞技项目的比赛行动是其竞赛内容的基础。在所有竞技项目的竞赛活动中，无论是局部性的结果（例如得分或胜一局），还是最终比赛结果都直接取决于"比赛行动"完成的质量和效果。因此，比赛行动和完成比赛行动的专项竞技能力是研究体育竞赛内容不可缺少的重要概念。

在不同竞技项目的竞赛活动中，比赛行动具有各不相同的特点。在一些竞技项目的一场比赛中运动员的比赛行动只需要完成一次（如径赛项目——100米、800米、5000米跑等），或者完成规定次数（如跳高、跳远、三级跳远、投掷等）；而在另一些竞技项目的一场比赛中运动员的比赛行动则可能需要完成许多次（如球类项目和个人对抗项目）。在一些竞技项目中运动员可以在赛前把完整的比赛行动准备好（如竞技体操、艺术体操、武术套路等）；而在另一些竞技项目中，则需要在比赛中根据临场形势的特点合理地组合完整的比赛行动（如足球、篮球、摔跤、拳击等）。在一部分竞技项目中比赛行动由系列相对单一的动作所构成（周期性项目），而在另一部分竞技项目中比赛行动则由一系列复杂的单个动作组合成整套动作（如竞技体操、跳水等）。在绝大多数竞技项目中，比赛行动主要依靠完成运动动作来实现，而在少数竞技项目中的比赛行动则是借助于"象形物"的移动来实现（如中国象棋、围棋、桥牌等）。

综上所述，由于各竞技项目的比赛行动种类繁多，特征各异，因此决定了体育竞赛内容的丰富多彩。在竞赛活动实践中，根据人在完成比赛行动时表现的竞技能力的特征，体育竞赛内容大致可以分为五个大类八个亚类。这五大类分别为比较人的自然运动活动能力、比较人的准确击中目标的能力、比较人的格斗能力、比较人在对抗性游戏中把握胜局的能力；比较人操纵外力实现目标的能力。

下面将对这五大类进行分析。

（一）体育竞赛内容的类型

1. 比较人的自然运动活动能力类

这一大类的特征是比较人的自然运动活动能力，可以分为两个亚类。第一亚类的显著特点是与人类日常生活必需的基本活动形式密切相关。其主要竞赛内容是完成走、跑、跨、跳、投、举、游、潜、划、骑、滑等运动行动，比较表现最大速度、高度、远度、重量、长度（一昼夜跑）等方面的能力，形式是同场同时或同场异时、与对手无身体接触地对抗，如田径、游泳、自行车、赛艇、皮划艇、举重、滑雪、滑冰等项目。其中部分项目在古代奥运会时期就已经是竞赛项目。例如，第一届古代奥运会设置的192.27米短跑。第二亚类的显著特点是表现在人的基本活动形式基础上逐步发展起来的高难、优美和复杂协调动作。主要竞赛内容是比较高质量完成人为编排的"整套高难协调动作"的能力，形式是同场异时、与对手无身体接触地对抗，如竞技体操、艺术体操、跳水、花样游泳、花样滑冰等项目。

2. 比较人的准确击中目标能力类

这一大类的显著特点是其中部分项目与古代人类军事活动中的武器相联系，例如，射箭既是我国最古老的军事武器，也是武艺比赛项目之一。2000多年前，孔子就有"射不主皮，为力不同科，古之道也"的说法。在现代竞技体育中不仅保留着古代击射的特征，同时随着科学技术的发展有了许多新的发展，出现了许多新的同类竞赛项目。主要竞赛内容是完成击射、弹射、抛射或投射等运动行动，借助于器械击射或直接用手抛射，比较人准确击中目标的能力；形式是同场同时或同场异时、与对手无身体接触地对抗；如射击、射箭、飞镖等，一定程度上也包括保龄球、高尔夫。

3. 比较人的格斗能力类

这一大类的显著特点是部分项目与古罗马的角斗、中国古代的角抵、日本的相扑与摔跤相联系。主要竞赛内容是针对对手身体有效部位完成摔、抱、击、踢、刺等运动行动，比较人的格斗能力，形式是同场同时完成一对一攻防对抗，如摔跤、柔道、拳击、跆拳道、击剑、武术散打等项目。

4. 比较人在对抗性游戏中把握胜局的能力类

这一大类的特征是比较人在对抗性游戏中临场应变性把握胜局的综合能力，可以分为三个亚类。第一亚类：主要竞赛内容是在围绕"球"展开运动攻防对抗的游戏中比较根据比赛形势合理运用技术动作的综合能力，形式是同场同时完成一对一、二对二或集体对抗，如足球、篮球、排球、手球、水球、棒球、垒球、曲棍球、乒乓球、羽毛球、网球等项目。第二亚类：主要竞赛内容是在通过发射"母球"或类似介体撞击目标客体展开攻防对抗的游戏中比较根据比赛形势合理运用技术动作的能力，形式是同场交替完成一对一或集体对抗，如斯诺克、九球、门球、冰壶等项目。第三亚类：主要竞赛内容是在智力性攻防对抗游戏活动中，比较根据比赛形势合理运用技术方法的能力，形式是同场交替完成一对一对抗，如中国象棋、国际象棋、围棋、桥牌等项目。

5. 比较人操控外力实现目标能力类

第五大类的特征是比较人借助动物力量、自然力和机械力实现目标的能力。大致包括三个亚类。

第一亚类的显著特点是借助于动物力量进行运动。古代奥运会就设有赛马竞赛项目；中国古代"六艺"中包含了"御"。主要竞赛内容是操控动物完成运动行为的能力，如速度赛马、马术等。

第二亚类的显著特点是借助于自然力量完成运动动作。其中部分项目已有悠久历史，随着技术设施的完善，出现了许多新的竞赛项目。主要竞赛内容是比较借助自然力，同时在依靠自身力量的条件下操控自身运动行为的能力，例如冲浪滑水、高山滑雪速降、回转、大回转和特大回转以及激流回旋皮划艇等。

第三亚类的显著特点是借助于机械力量完成运动动作。随着现代科技的发展不仅大幅度提高了移动速度，而且也增加了不少新的竞赛项目。主要竞赛内容是比较操控机械装置完成运动行为的能力，如赛车、摩托车、摩托艇、航空和航海模型等。

第五大类的形式是同场同时或同场异时完成个人或集体对抗。详见表5-1。

表5-1 体育竞赛内容的类型

大类	基本特征	亚类	竞赛内容	竞技项目举例
第一大类	人表现自然运动活动的能力	第一亚类	完成走、跑、跨、跳、投、游、潜、骑、划、举、滑等运动动作，比较表现最大速度、高度、远度、重量、长度等的能力	田径、游泳、自行车、赛艇、皮划艇、举重、滑雪、滑冰等
		第二亚类	完成高难协调的运动动作，比较高质量完成人为编排的"整套动作"的能力	体操、艺术体操、跳水、花样游泳、武术套路等
第二大类	人准确击中目标的能力		完成击射、弹射、抛射或投射等运动动作，比较人准确击中目标的能力	射击、射箭、飞镖以及保龄球、高尔夫等
第三大类	人的格斗能力		针对对手身体有效部位完成摔、抱、击、踢、刺等运动动作，比较人的格斗能力	摔跤、柔道、拳击、跆拳道、武术散打等
第四大类	人在对抗性游戏活动中把握胜局的综合能力	第三亚类	在围绕"球"展开运动攻防对抗的游戏中比较根据比赛形势合理运用技术动作的综合能力	足球、篮球、排球、手球、棒球、垒球、曲棍球、乒乓球、羽毛球、网球等
		第四亚类	在通过发射"母球"或类似介体撞击目标客体展开攻防对抗的游戏活动中比较根据比赛形势合理运用技术动作的能力	斯诺克、九球、门球、冰壶等

续　表

大类	基本特征	亚类	竞赛内容	竞技项目举例
第四大类		第五亚类	在智力性攻防对抗游戏活动中，比较根据比赛形势合理运用技术方法的能力	中国象棋、国际象棋、围棋、桥牌等
第五大类	人操控外力实现目标的能力	第六亚类	比较操控动物完成运动行为的能力	马术等
		第七亚类	比较借助于自然力，同时也依靠自身力量的条件下操控自身运动行为的能力	滑水、高山滑雪、激流回旋等
		第八亚类	比较借助于机械力的条件下操控机动装置完成运动行为的能力	汽车、摩托车、摩托艇、模型类等

（二）体育竞赛内容的影响因素

从上述分类中可以清晰地看到体育竞赛活动发展的历史步伐与各个时期经济、政治、社会和文化生活之间的紧密联系。

表 5-1 中的第一、第二、第三大类中的部分竞赛项目以及第五大类中马术的内容都与人类早期生活、劳动和军事活动以及随后出现的体育教育和健身活动具有紧密的联系。影响体育竞赛内容的因素有以下方面。

1. 人类的社会生活和活动

毫无疑问，体育竞赛内容与人类早期的社会生活和活动，包括劳动、军事、休闲活动的内容之间存在着密切联系。例如，部分竞赛内容在古代奥运会时期就已存在。塞莫斯·古里奥尼斯指出："体育比赛的第一见证是场地跑。"普卢塔克的论述有力地支持了这一发现。他说，"场地跑是古奥林匹亚大地上唯一原始的项目，其他项目都是后来才增设的。"

根据崔乐泉的资料，在中国夏商时期，射箭活动就已经成为人们社会生活中的主要内容之一，而射箭活动大量应用于军事战争和训练，更进一步促进了军事活动中射箭技术的发展；早在商代，在军事活动的射箭中就已经出现骑射这一形式。

同样根据崔乐泉的资料，春秋时期的著名军事家管仲提出了练兵的五项内容，称之为"五教"，其中第三教为"教其足，以进退之度"就是要求士卒练习奔跑技能。这些竞赛内容延续至今，已成为竞技项目，并得到不断发展。所以，现代体育竞赛活动保留了很深的历史和社会生活痕迹。

2. 自然环境条件

体育竞赛内容同样离不开自然环境条件。特别是第一大类中的水类、冰雪类项目以及第五大类中的高山滑雪等项目都与人生活的自然环境条件具有直接联系。这些项目在不同程度上都具有在既借助于自然力，同时又依靠自身力量的条件下完成运动动作的特点。

3. 各类游戏活动

第四大类中的绝大部分体育竞赛内容是从人为创造的活动性游戏中发展起来的。虽然其中不少游戏已经有较长的历史，例如出现于中国春秋时期的"蹴鞠""击鞠"等。但是成为规范的活动性游戏则是在100多年以前，特别是足球、篮球、排球、乒乓球、羽毛球和网球等对抗性球类项目。

值得同样注意的是，也出现了一些可以说吸取了"击鞠"元素的活动项目，如只能平面击射的保龄球、门球、地掷球、冰壶等；可以立体击射的高尔夫、棒球、垒球、冰球等。随后这些活动不仅成为体育竞赛活动的内容，在现代社会中还被广泛地用于休闲娱乐活动中。

除此之外，这里也包括了从历史悠久的智力性游戏中发展起来的竞赛项目，如中国象棋、围棋、国际象棋、桥牌等。

4. 现代科技发展和工业化进程

第五大类第二亚类的特点是在借助于机械力条件下操控机动装置来完成运动行为，这一亚类在很大程度上与现代科技发展和工业化进程有直接联系。例如各类赛车、摩托车、摩托艇等。

由此可见，形成体育竞赛内容的决定性因素就是人的社会活动实践。古代体育比赛内容主要来自劳动和军事活动，而随着劳动生产力和社会的发展，生活水平的提高，各种游戏活动内容逐渐加入体育竞赛的行列。而在现代社会中，随着经济社会的持续发展，生活水平的进一步提高，与现代科技有关的内容开始成为体育比赛的内容。由此可以预见，体育竞赛内容将继续在经济、科技、文化的作用和影响下，遵循着与社会和人的生活紧密联系的轨道进一步发展。

（三）体育竞赛内容的发展前景

应当指出的是，以上对体育竞赛内容的分类并不是终极性，而仅仅是初步尝试。从近几十年竞技体育领域中新出现的竞赛项目来看，主要表现出以下三个趋势。

1. 出现运用现代信息技术的竞赛项目

随着现代信息技术的迅速发展及其在体育领域中的广泛应用，在现代竞技项目中出现了"电子竞技"类项目，比较人的手、眼、脑高度协调的操作思维和反应能力；在棋类中出现了"人—机"对弈的实践案例。由此可以看到，尽管这些电子竞技项目并不具有体育的基本特征（即不要求同时具备运动素质和运动技能），但可能是今后的发展趋势之一。

"电子竞技"项目没有出现在上述分类中，主要原因是电子竞技作为刚出现不久的新的竞赛项目群，目前尚处于建立、健全、完善竞赛标准和规范的阶段。预计今后还将出现新的电子竞技项目。所以，在今后适当的时候再将其归入上述分类是合适的。

2. 出现观赏性更强的竞赛项目

近几十年来，在现代高水平竞技项目中出现了既体现"更快、更高、更强"的奥林匹克精神，又具有很强观赏性的竞赛项目。一方面，其中不少项目既依靠运动员的自身能力，又借助于自然外力，综合表现身体能力与高难技术动作的完美结合，如激流回旋皮划艇、跳台滑雪以及2008年首次进入奥运会的小轮车项目等。另一方面，在体育与艺术相融合的竞赛项目方面有了新的发展，例如花样游泳（1984年成为洛杉矶奥运会正式竞赛项目）、艺术体操（1988年成为汉城奥运会正式竞赛项目）等相继加入。

这一趋势的特点是通过提高动作难度，增强体育竞赛活动的可观赏性，同时其中部分项目具有被推广的可能性。

3. 出现适宜于大众参与的竞赛项目

在现代竞技项目中也出现了一些强度不大，趣味性较高，适宜于大众广泛参与的项目。从现有情况看，它较多的是与准确投射或抛射目标的活动联系在一起，如门球、地掷球、冰壶等项目。

随着现代社会中科学技术的不断进步，人民生活水平的不断提高、对健康生活方式和提升生活质量的需求越来越强烈，将会出现内容更丰富、更贴近于生活、更具参与性的竞技项目，使体育竞赛活动更受到广大民众的欢迎。

二、体育竞赛形式

"体育竞赛形式"是指单场比赛中本方和其他参赛方运动员上场竞技的秩序结构特征。这里的"上场竞技"是指运动员上场完成由单个或系列动作组成、具有完整结构，并记录成绩的比赛行动。例如，田径投掷比赛中完成"一投"、跳跃比赛中完成"一跳"、举重比赛中完成一次试举、射箭淘汰赛中每射三支箭、体操中完成一套动作等。而这里的"秩序"指参赛运动员是同时，还是循序上场。

不同竞技项目单场比赛中运动员竞赛形式是不相同的。从出场人数来看，有单人、双人、三人、四人，也有更多人数的集体项目的竞赛形式。对于一部分竞技项目，竞赛形式是由其项目自身的特征所决定的；而对于另一部分竞技项目，竞赛形式则是通过"竞赛规则"和"竞赛规程"规定或约定俗成的。

（一）体育竞赛形式的类型

对于所有竞技项目的比赛，体育竞赛形式可以归并为两种基本类型：多方共赛（包括个人、双人、多人或集体）和两方对赛（包括一人对一人、两人对两人、一队对一队）。

1. 多方共赛类

"多方共赛"类的基本特点是两方以上（不含两方）多名运动员以单人、双人或集体形式在同一比赛场地上同时或循序—交替上场比赛，各自分别独立完成比赛行动。

该比赛分为两个亚类：第一亚类是以单人形式参赛，如田径和游泳中的个人单项、举重单项、竞技体操个人、赛艇单人双桨、皮划艇单人500米和1000米等；第二亚类是以双人或集体形式参赛，如赛艇双人艇、四人艇、八人艇、皮划艇双人500米和1000米、田径接力赛、游泳接力赛、自行车麦迪逊赛等。

2. 两方对赛类

"两方对赛"类的基本特点是仅有两方运动员以个人、双人或集体形式在同一比赛场地上同时或循序—交替上场比赛，在相互有干扰的条件下完成比赛行动。

该比赛分为三个亚类：第一亚类是"1对1"形式，如个人对抗项目、乒乓球、羽毛球、网球个人单项、壁球等竞赛项目；第二亚类是"2对2"形式，如乒乓球、羽毛球、网球双打项目、沙滩排球等竞赛项目；第三亚类是"一队对一队"形式，如足球、篮球、排球、手球、水球、曲棍球等竞赛项目。

（二）影响体育竞赛形式的因素

在比赛中，采用什么样的竞赛形式，受不同因素的制约或影响，大致包括三种情况。

1. 竞赛形式受制于竞赛内容

在一部分竞技项目中，使用哪一种竞赛形式是由其竞赛内容的特征所决定的。例如在大部分球类项目和个人对抗项目的竞赛活动中，由于这些项目具有"直接对抗"（有身体接触的对抗和隔网对抗）的基本特征，比较的是在对抗中临场应变性把握胜局的能力，因此决定了在这些项目中只能采用两方对赛并且同场同时的竞赛形式，而别无其他选择。例如，足球、篮球、排球、网球、羽毛球、乒乓球、摔跤、拳击等。

2. 竞赛形式受限于竞赛条件

一部分竞技项目的竞赛形式受到竞赛条件的限制。大致有三种情况：第一，由于受比赛场地面积的限制，同时也为了便于观众观赏比赛，因此在田径的田赛项目、跳水、花样游泳等竞赛项目中一般只使用一片比赛场地，采用的是"同场循序"方式；第二，由于比赛场地设施的复杂性，为了确保比赛场地设施条件的统一性，因此在皮划艇激流回旋、山地自行车、小轮车、马术障碍赛等竞赛项目中也只使用一片比赛场地，采用的是"同场循序"方式；第三，由于比赛持续时间比较长和竞赛组织工作的复杂性，因此在马拉松跑、竞走、公路自行车、越野滑雪等项目中同样只使用一片比赛场地，采用"同场同时"或"同场错时"出发的方式。

3. 竞赛形式取决于约定俗成

在这一部分竞技项目中，实际上竞赛内容和竞赛条件都对竞赛形式的选择没有特别限制，竞赛形式的可选择余地比较大。目前采用的竞赛形式主要是约定俗成的。在这种情况下，对竞赛形式的选择主要是针对增强比赛的可观赏性，以便吸引更多的观众，同时也针对便于竞赛组织。例如，田径100米跑至少有三种赛法，第一种是每一名运动员循序出场的计时赛；第二种是运动员两两出场的对抗赛；第三种是多名运动员同时出场的比赛。在正式田径竞赛中采用的是第三种形式，既有助于增强比赛的可观赏性，也有利于竞赛的组织。在竞技体操比赛中采用的参赛运动员循序在同一套器材上完成动作的竞赛形式，既保证器材的统一性，又便于观众观赏。为了提高比赛的可观赏性，武术专家曾提议把武术套路的竞赛形式从目前的"同场循序"，改为"同场两人同赛"，使比赛更精彩激烈。

（三）体育竞赛形式的发展前景

当前体育竞赛形式总的发展趋势是国际单项体育联合会通过定期对"竞赛规则"的修改，努力使本项目的竞赛活动增强可观赏性和可参与程度，以便能受到更多观众的关注，更符合于市场化推广的需要。

通过"竞赛规则"修改，不断完善竞赛形式来提升体育竞赛活动的可观赏性，从而吸引更多的观众到比赛现场观赏比赛的典型案例是国际射箭联合会对射箭竞赛形式的改革。例如，过去射箭比赛采用的是单纯的"多方共赛"形式。所有参赛运动员在规定时间里完成72支箭的发射，最后根据各参赛运动员累计的成绩决定比赛名次，在这种形式的比赛中，由于参赛运动员人数较多、每名运动员发射的快慢不同，再加上信息的不对称，因此对于观众来说，整个比赛过程中参赛运动员的成绩及其走向都是模糊的，只有在比赛结束时通过对参赛各方成绩的比较后，才能知道最终的胜负。所以，对这样的比赛很难受到观众的关注。对竞赛形式改革以后，在"多方共赛"72支箭的基础上，按成绩排位，前64名运动员采用"1对1"形式的12支箭淘汰赛，随后进行奥林匹克淘汰赛，最终产生冠军。这样一来，对于淘汰赛，特别是奥林匹克淘汰赛中每一轮成绩，观众都能直观地看到并进行比较，从而使整个竞赛活动扣人心弦。

当然不能认为在各个竞技项目中对竞赛形式做这样的改革都是必须的和唯一的选择。但应当看到，在竞赛形式不受限于竞赛内容和其他因素的竞技项目中要提升体育竞赛活动的可观赏性，改革竞赛形式是不可忽视的重要方面之一，而且往往会收到意想不到的实际效果。

第四节 体育竞赛活动的条件和终止方式

一、体育竞赛条件

对体育竞赛活动条件的要求是规范和统一。这里"规范"是指应当符合预先制订的相应标准和程序;"统一"是指针对全体参赛运动员的同一性。体育竞赛条件主要包括自然环境条件和竞赛硬件条件。

(一)自然环境条件

自然环境条件主要指对体育竞赛有直接影响的举办地的气象条件和海拔高度。

1. 赛地气象条件

有一部分竞技项目的竞赛活动是在室外,甚至在水上、雪上和冰上举行,因此这些赛事项目与赛事举办地的气象条件都有直接关系。

气象条件主要指风、雨、气温和湿度,对体育竞赛活动的影响主要表现在三个方面:第一,限制竞赛活动的举行,如由于过于恶劣的气象条件,迫使竞赛活动不得不暂停、推迟甚至取消。第二,影响比赛成绩水平,例如2米/秒的逆风可使100米跑的成绩降低0.16秒;按照国际田径联合会指定的田径"竞赛规则"规定,在200米及其以下的短跑项目、跳远和三级跳远项目的比赛时,要是顺风风速超过每秒2米,所创的纪录不予承认。第三,对运动员的竞技能力水平产生消极性影响,如温度过高或湿度过大不仅影响人体排汗、体热散发,同时还使运动员吸入氧量明显减少,影响身体代谢。

比赛中,受气象条件影响较大的竞赛项目是田径、足球、高尔夫、网球、沙滩排球、自行车、射击、射箭、棒球、垒球等。不同的竞赛项目对气象条件都有一定的适宜性。如据上海市气象信息传媒中心的资料显示,射箭、拳击、柔道等项目比赛的适宜温度为13~16℃;对田径比赛的适宜温度是20~22℃;同时认为由于上午的相对湿度比较大,而下午相对湿度比较小,因此比较合适的是把800~1 500米的中长跑比赛安排在下午,以便使运动员能发挥更高的水平。

气象条件对体育竞赛活动的影响一方面提示运动员应当在训练中主动适应各种不同的气象条件,把握气象变化中应采取的有效对策;另一方面提示体育竞赛活动的举办者要善于把握气象变化的规律性,趋利避害,尽量保障运动员们能在比赛中创造优异成绩。

2. 赛地海拔高度

在中度高原(1 300~2 500米)上举行体育竞赛,对运动员机体工作能力提出了特殊要求，并对不同竞赛项目的成绩产生各不相同的影响。人在高原气候条件下训练或比赛时，受到一系列因素的影响：周围环境中大气压、氧分压、降低的湿度，变化的温度；增强的紫外线和空气电离作用、提高了臭氧含量、经常性的旋风以及其他物理变化。在这样的条件下比赛，速度力量性项目（如短跑、投掷、跳跃）的运动员较大幅度地提高了运动成绩，而在主要表现耐力的竞技项目（如中长距离跑、游泳等）中的运动员则出现成绩较大幅度地下降。所以，举办奥运会和锦标赛等国际性重大体育赛事的城市选择始终是有争议的问题之一。

例如，1955年泛美运动会在墨西哥城（海拔2 240米）举行。1960年第8届冬季奥运会在美国加利福尼亚州的斯阔谷（海拔1 889米）举行。斯阔谷风景优美，是美国重要的旅游胜地。这是冬季奥运会首次在这样的高度上举行。随后1968年第19届夏季奥运会在墨西哥城（海拔2 240米）举行。在这一届奥运会的跳远比赛中美国运动员鲍勃·比蒙创造了8.90米的划时代世界纪录。这项世界纪录保持了23年之久，直至1991年才被另一位美国运动员鲍威尔以8.95米的成绩所打破。

再如，2010年南非世界杯足球赛分布在全国9座城市的10个赛场进行。其中有6个球场位于海拔1 000米以上，并且有2场1/4决赛和冠亚军决赛均安排在1 700米海拔中度高度的城市进行，而2场半决赛却都安排在海拔高度分别为9米和13米的城市里进行。在小组赛中韩国队先在海拔20米的伊丽莎白港以2∶0战胜希腊队；5天以后在海拔1 701米的约翰内斯堡足球城以1∶4负于阿根廷队；6天以后又在海拔为13米的德班球场与尼日利亚队以2∶2踢平。韩国队运动员从海拔20米的平原到1 701米的高原，机体对高原气候的适应时间一般为1周以上，而当机体尚未完成适应过程的时候，却又再一次回到海拔为13米的平原上，于是机体又出现了重新适应过程。更不用说在不同海拔高度上还要进行带超强体能的激烈的比赛对抗。剧烈气候变化和高强度比赛负荷的双重作用，对运动员的快速恢复提出了极高的要求。所以，在这种情况下比赛难以排除中度高原气候因素对比赛结果产生的影响。

选择在这样的中度高度上举办重大体育赛事，虽然对于该项竞赛的参加者来说，似乎并无不公平之处。但由于高原气候条件的特殊性，对于长期生活在这一海拔高度上、不需要较长时间对其适应的运动员与长期生活在平原上，需要较长时间进行适应的运动员之间；对于在海拔高度相差较大的情况下转场（如韩国队）与在海拔高度相差无几的情况下转场（如阿根廷队3场小组赛分别在1 718米、1 701米和1 289米的高度上进行）之间难免存在一定的不公平。同时，由于与在此之前和之后各届重大赛事的举办地气候条件的不一致。因此，在某些竞技项目中，在这样的海拔高度上创造的运动成绩与在平原上创造的运动成绩之间的可比性程度就会降低。

综上所述，在安排重大体育竞赛活动时必须对赛场的海拔高度给予足够的关注。

（二）竞赛硬件条件

竞赛硬件条件分为三大类：第一大类是指竞赛场地和竞赛设施器材；第二大类是竞赛设备、辅助裁判设备和显示设备；第三大类是指运动员个人的竞赛器材，如球拍、球棒、球棍、拳套、剑、游泳衣、自行车、汽车等。

1．竞赛场地和竞赛设施器材

在体育竞赛活动中，竞赛场地和竞赛设施器材是竞赛的基本硬件条件。如，篮球比赛中的竞赛场地、篮架、篮网和球等。各个竞赛项目的竞赛场地大致包括两种情况：第一种是设置在室内或室外的体育场馆内的竞赛场地，例如田径（除马拉松以外）、游泳、体操、射击、射箭、球类、个人对抗项目等绝大部分项目。其特点是严格按照"竞赛规则"规定标准设置竞赛场地，误差被控制在允许的范围之内。这样的竞赛场地能在全世界范围内做到统一，同时也具备条件设立各类记录。第二种是利用自然环境条件、街道作为竞赛场地，如马拉松、公路自行车、帆船帆板等项目，或者虽然是人造的但不完全统一的竞赛场地，如山地自行车、激流回旋以及高尔夫等项目。其特点是在"竞赛规则"规定的标准和原则允许的范围以内设置竞赛场地，这样的竞赛场地很难做到完全统一，因此只适宜设立"最好成绩"。

需要指出的是，某些赛事在竞赛场地的使用方面仍然保持了自己的传统。例如法国、西班牙等保留使用红土比赛场地，而英国和澳大利亚等国家则保留使用草地比赛场。法国巴黎罗兰·加洛斯网球公开赛使用红土场地，而英国温布尔登网球公开赛使用草地场地，成为重大网球赛事与其他项目重大赛事之间的区别。

在现代体育竞赛活动中，竞赛场地和竞赛设施器材的发展表现出以下特点。

第一，竞赛场馆的标志性程度越来越高。奥运会、世界杯足球赛，甚至全运会的举办城市为了成功举办该项赛事，总是需要新建和改建一批竞赛场馆和训练场馆。尽管国际奥委会一再提倡不一定所有比赛都在新建场馆中进行，但由于种种原因：似乎按照不成文的规定、超越上一届赛事举办城市的思维定向或者确实有实际需要，举办城市在新建一批竞赛场馆的同时，总是决定要花巨资建造一座能反映本国、本城经济水平、文化特色和建筑风格的主体育场作为本项赛事的主会场。例如，2006年德国慕尼黑的世界杯足球赛主会场；2008年，我国北京市为举办第29届奥林匹克运动会建造的国家体育场——"鸟巢"；我国山东济南市为举办第11届全运会建造的奥林匹克体育中心等都具有鲜明的标志性特点。但是由此带来的问题之一，是在该项重大赛事结束以后这些新建的体育场馆，尤其是花巨资建造的这一标志性主体育场今后的日常运行。尽管在实践中也做了各种尝试，例如北京奥运会之后想方设法对"鸟巢"的运作进行了尝试，但这似乎仍然是奥运会等重大赛事举办城市面临的一大难题，有待于在实践中继续探索有效的解决方案。

第二，竞赛场馆的多功能化程度越来越高。随着社会进步，每年举办的由民众参与的大型活动越来越多，体育竞赛表演的内容也越来越丰富，由此就出现了体育场馆多功能的需求。所以，体育场馆的建设者们意识到在体育场馆设计时就应当考虑到今后的多用途使用，使得一座体育场馆不仅适用于多个竞赛项目，同时也可用于文艺演出等其他大型活动。

为了使体育场馆发挥多功能作用，现代一般的做法是在设计和建造体育场馆时根据多个竞赛项目的要求确保拥有足够的比赛内场面积和观众席位。在具体承办比赛时，按照该竞赛项目的要求临时搭建或铺设比赛场地，采用专门材料铺设的比赛场地不仅包括篮球、排球、羽毛球、乒乓球、网球等一般竞赛项目，而且还扩展到游泳类、冰上类、壁球等对于比赛场地具有特殊要求的竞赛项目，并且这一趋势表现得越来越明显。例如，2004年竣工的上海旗忠国际森林网球中心，主要是为承办2005～2008年的网球大师杯赛而建。但是在2006年上海举办世界短池游泳锦标赛时，就尝试了在这一网球中心的中央比赛场地上搭建了一个比赛用的25米游泳池，获得了成功。又如，澳大利亚墨尔本是一座具有良好体育传统的城市，1956年曾经举办过奥运会，同时也是四大网球公开赛之一——澳大利亚网球公开赛的所在城市。这里不是说澳网公开赛的赛事本身，而是说在澳网公开赛所在的澳大利亚国家网球中心一侧有一座难得一见的多功能体育馆，适用于篮球、排球、手球、室内田径、场地自行车等10多个项目的竞赛，甚至通过临时拼接，还可以在这里举办室内草地网球赛事。

比赛场地多功能化还有一个突出例子是上海举办2002年网球大师杯赛时，采用的是当年德国汉诺威在世界博览会的展览厅中举办职业网球年度总决赛的模式。在上海"新国际博览中心"新建的5号展览馆中首次尝试临时搭建比赛场地和一万多个观众座位的方案，成为采用临时搭建竞赛场地和观众座位的成功范例。尽管采用这种方式，一次性投资有所增加，但却由此带动了一个新的产业——"活动场地搭建"的形成和发展。

2.竞赛设备、辅助裁判设备和显示设备

竞赛设备主要用于计时记分和裁判员临场打分等；辅助裁判设备主要用于必要时协助裁判员对某些事实，如"出界""犯规"等做出准确判断，包括摄像监控设备；显示设备主要用于把得分、局部性比赛结果以及其他信息及时向广大观众公布。

在不少竞技项目的竞赛活动中，使用依靠现代信息技术的竞赛设备和辅助裁判设备，不仅增强了竞赛活动的"公平、规范"程度，还提高了执裁精度。例如在网球竞赛中使用的"鹰眼"，帮助裁判员确定球的落点是界内还是界外。在

2013年世界羽毛球联合会超级系列赛年终总决赛正式启用了"鹰眼"回放系统；游泳比赛中使用的电子触板计时器；从2010年开始在跆拳道竞赛中投入使用的电子护具，帮助裁判员准确确定是否踢中对手的有效部位；在击剑比赛中使用的辅助裁判器；田径比赛中在径赛终点、跳远和三级跳远踏跳板处，以及对摔跤、拳击、柔道等个人对抗项目的比赛过程设置的录像监督等。这些电子设备在体育竞赛活动中发挥了十分重要的作用。

在2010年南非世界杯足球赛中至少出现了两起重大误判。在英国与德国的1/8决赛中，当英国以1∶2比分落后时，裁判员无视英国已砸进球门的进球，最终英国队以1∶4落败。而在阿根廷与墨西哥的1/8决赛中，阿根廷凭借一个已经越位的进球，最终以3∶1战胜墨西哥队。其实在此之前国际足球界早就有人提出应用高科技手段来解决这类问题，而且赞成这一意见的人数占绝大多数。但是国际足联主席布拉特先生一直坚持所谓的"人都会犯错误"和"错误是足球的一部分"的论调，固执地抵制高科技手段对临场裁判过程的介入。这一次，迫于舆论压力，布拉特先生不得不做出相应的姿态，他一方面向遭遇误判的英国队和墨西哥队表示道歉，另一方面则承诺在国际足联技术会议上将重新考虑在比赛中采用录像技术协助临场裁判执法。

实际上人们都明白，这并不是简单地对于在足球竞赛中使用高科技手段的态度，而是涉及是否愿意看到在足球比赛中能更公正准确执裁的问题。难怪在英德之战和阿墨之战中出现裁判员重大误判后，对国际足联的指责声连绵不断。甚至有人指出："如果引进了电子裁判，受打击最大的就是这群当官的，因为这群人再也不能随心所欲地控制结果了。"在舆论的压力下，国际足联不得不采取实质性的有效措施来改变现状。随着现代信息技术的进一步发展，可以预见在今后的体育竞赛活动中，包括足球竞赛中将会更多地借助于高科技手段来协助裁判员公正地做好临场执裁工作。

在现代体育竞赛活动中面向广大观众的竞赛信息显示设备是不可或缺的。它的功能主要是向观众提供比赛信息，除比分以外，还包括运动员的个人资料，临场技术统计资料等；在一些竞赛项目中还包括对关键球、关键场面的慢镜头回放。虽然竞赛信息显示设备并不对竞赛活动的结果产生直接的影响，但却对现场观众获取比赛信息、提高观赏的清晰度和增强参与热情产生积极作用，一定程度上也提升了该项赛事的可观赏性。与此同时，通过向观众传输信息，提高比赛信息的透明度，特别是对关键比赛场面的现场回放是让裁判员接受广大观众监督的一项有效手段。

3.运动员个人竞赛用具

运动员个人竞赛用品主要指竞赛设备（如自行车、船艇、汽车等）、竞赛器材（如球拍、球棒、球板、拳套、枪、剑、弓等）、竞赛服装（泳衣等）。

各国际单项体育联合会对运动员个人竞赛用具有明确的技术标准,例如乒乓球比赛中对乒乓球板、胶皮和胶水等都做了严密的规定,并且在赛前进行严格检查。其目的是为了使体育竞赛活动保持规范和统一。但是在一些竞技项目中运动员的个人竞赛用具的质量优劣则直接影响到其在比赛中的成绩。所以,优化竞赛用具的质量和效果,使之有助于提高运动员的比赛成绩始终是科研人员的研究对象。在现代体育竞赛活动中,在运动员个人竞赛用具的制作中不断应用科研成果,采用最新材料,同时不断提高竞赛用具的个体化程度,对优秀运动员采取"量身定制"的方式。但是现代科学技术成果被应用于运动员的个人竞赛用具之中不是无限制的,不应当违背公平竞赛的原则。

例如,在游泳比赛中对个别运动员曾经使用的高科技产品"鲨鱼皮"泳衣就产生了较大争议。2008年是奥运会年,创造更多的世界纪录本无可厚非,但是全年共有105项长池和短池游泳世界纪录被刷新,不仅超过了正常的预期,而且其中79项是由身着"鲨鱼皮"的运动员创造的;在北京奥运会上,穿"鲨鱼皮"泳衣的选手夺走了游泳项目94%的金牌,其中最瞩目的当属美国天才运动员菲尔普斯勇夺8枚金牌,缔造了奥林匹克运动新的神话。据测试,"鲨鱼皮"能将水中阻力降低10%,减少5%的氧耗,促进成绩提高2%。为此,有15个国家的游泳队教练员向国际泳联递交了一份"联名抗议书",要求禁止高科技泳衣的使用。国际游泳联合会(FINA)经过调查,于2009年3月16日正式出台了《迪拜宪章》,对运动员在比赛中使用的泳衣的厚度和覆盖表面积都做出了严格的规定,从而限制了继续使用有"鲨鱼皮"游泳衣的可能性。

二、体育竞赛的终止

(一)体育竞赛终止的类型

构成一项完整的体育竞赛活动,除了必须有统一的竞赛内容、形式等要素外,还必须对比赛的开始,特别是对比赛的结束方式做出明确的界定,即把整个竞赛活动框定在一个范围内,因为只有这样才能在统一的框架内记录比赛结果,从而得出比赛成绩和比赛名次。

在体育竞赛实践中,终止竞赛活动有三种限定方式:限定比赛总量、限定比赛结果和自然终止。

限定比赛总量的特点是对每一名参赛运动员完成的比赛总量做出统一限定,在这样的条件下比较他们实际完成的结果之间的差距,从而决定比赛胜负。具体包括对运动员在比赛中完成的比赛距离、比赛行动次数、比赛时间和比赛客体总量的限定。

限定比赛结果的特点是设定导致获胜的比赛结果的特征,当比赛过程中一旦出现这一特征性比赛结果时，即直接导致获胜。其包括定量的和定性的比赛结果两类。

自然终止的特点是每一名参赛运动员在完成同一个（类）比赛行动的条件下，充分表现耐力直至"极限"，由此比较他们实际完成的数量，以决定比赛胜负。

如在某些国家和地区流行的所谓"大力士"比赛，采用的就是表现人体耐力直至"极限"的比赛方式，尽管受到不少人的青睐，但从人道主义、维护人的尊严和人的健康出发不值得提倡，在奥林匹克运动中也是拒绝这一方式的。但是应当指出：历史上确实有过表现耐力直至"极限"的比赛，如在文献中有这样的记载：步行60小时1分10秒，完成507公里；游泳84小时37分，完成481公里；跑144小时，完成1 022.8公里；一昼夜完成俯卧撑37 350次等。

同时，在教学训练中有时候也采用类似的方式作为手段以提高学生训练兴趣。例如，单杠引体向上、杠铃快速挺举比赛等。

在正式体育竞赛活动中非但没有采纳这样的表现耐力直至"极限"的比赛，相反，从运动员的健康、观众的观赏和竞赛组织角度出发，对运动员在某些竞赛项目中采用"磨"时间战术（以往乒乓球比赛中曾出现过一局比赛打几个小时不分胜负的情况）和采用"长考"（即长时间思考）战术（在棋牌比赛中）等，从竞赛规则上加以限制。所以，在以下的叙述中，主要围绕限定比赛总量和限定比赛结果两种情况展开。

由此，按照限定方式的特征，体育竞赛终止可以分为两大类，即限定比赛总量类和限定比赛结果类。

第一大类——限定比赛总量类，包括四个亚类。

第一亚类是对运动员完成的比赛距离做出限定。包括田径径赛、游泳、赛艇、皮划艇静水、自行车、滑雪、滑冰等大部分周期性竞赛项目。

第二亚类是对运动员完成的比赛行动次数做出规定。这里鲜明的特征是运动员每一次比赛行动的开始和结束的边界是清晰的，并且在内容上相同或者性质上相类似，也就是可重复的。例如，田径田赛、举重、射击、射箭、飞镖、竞技体操、艺术体操、跳水、武术套路等竞赛项目。

第三亚类是对运动员完成的比赛时间做出限定，包括足球、篮球、手球、水球、曲棍球等球类项目和大部分个人对抗项目的竞赛活动。

第四亚类是对运动员比赛行动针对的客体总量做出限定。这里的比赛行动客体是指运动员在比赛中针对比赛目标所完成的比赛行动的对象。例如，斯诺克（15个红球、6个彩球，加1个母球）、高尔夫（球洞数量）、围棋（361格）、桥牌（每方13张牌，即13轮攻防）等。

第二大类——限定比赛结果类，包括两个亚类：定量比赛结果亚类和定性比赛结果亚类。

第一亚类（定量结果亚类）的特点是设定每局的比分限额（乒乓球——11

分;羽毛球——21分)和胜局数限额(7局4胜制、5局3胜制),例如排球、乒乓球、羽毛球、网球等项目;同时还设定比分差额,例如跆拳道(当双方比分达到9分时,领先方即为胜)。

第二亚类(定性结果亚类)的特点是设定获胜标志,可以分为设定一般获胜标志和特殊获胜标志两种情况。一般获胜标志的例子:中国象棋和国际象棋中的"将死";而特殊获胜标志的例子:拳击(倒地不起)、柔道(一本)、摔跤(双肩着地)、九球(在其他彩球未循序入袋前,9号球被撞击入袋)、场地自行车个人和团体追逐赛(当一方追上另一方时)。

(二)影响体育竞赛终止的因素

影响体育竞赛终止的首要因素是项目特征和竞赛内容。上述分类的六个亚类中的大部分亚类采用的终止竞赛的限定方式主要是依据本项目的特征和竞赛内容所决定的。例如,田径径赛、游泳等项目采用限定比赛距离;射击、射箭等项目采用限定比赛行动次数;高尔夫、斯诺克等项目采用限定比赛行动客体总量;排球、乒乓球等项目采用设定比分额和胜局数;中国象棋、国际象棋等项目采用设定获胜标志的方式,几乎没有其他选择的余地。

但是,在采用限定比赛时间的亚类中部分项目具有选择其他限定方式的可能性。其中突出的是篮球。目前"3对3"篮球比赛中采用的并不是限定比赛时间,而是设定一局的比分额,采用"3局2胜"制。其中的主要原因是便于群众性参与和推广,因为这样做的好处首先在于比赛中可以省略复杂甚至昂贵的计时设备,减少裁判员和辅助裁判员的人数,简化竞赛组织过程。

在体育竞赛实践中,"提前终止"竞赛被用于鼓励运动员表现更高技术水平或者保护较弱一方运动员不至于受伤。例如,为了鼓励运动员得出更好成绩,使比赛更具可观赏性,在场地自行车比赛中设置名称为"追逐赛"的团体和个人单项比赛,竞赛形式为"两方对赛"。比赛中当任何一方都未追上对方时,先达到终点的一方为胜;而当一方追上另一方时,比赛即告结束。又如,为了鼓励运动员表现出更高的技术水平,在柔道比赛中除正常记分以外,还采用"一本"的特殊制胜方式。同时,为了降低运动员在比赛中受伤的可能性,在一些个人对抗项目中,实行"双轨制"。除了正常记分以外,还采取特殊制胜方式。例如,在拳击、摔跤、武术散打等竞赛项目中,一旦裁判员确认出现"绝对胜利"的特殊获胜标志,比赛即宣告结束;同时当双方运动员实力过于悬殊时,裁判员有权终止比赛,以保护实力较弱的一方运动员不受伤,例如跆拳道比赛中的"裁判终止比赛胜"(RSC)。

(三)体育竞赛终止的发展前景

如前所述,尽管相当数量的竞技项目中终止竞赛的限定方式取决于项目特征和竞赛内容，根本性改变的可能性不大。但是以下两个方向值得进一步讨论。

1. 从吸引群众广泛参与的视角

在群众性竞赛活动中，适宜使用的是多方同赛的竞赛形式，而对于合理选择限定方式则存在着比较广泛的可能性。例如，选择限定比赛时间的方式。这样的竞赛活动在正式体育竞赛项目尚未出现，但却可以用于群众性竞赛活动中。有一种用筷子夹乒乓球或玻璃弹子的游戏性竞赛活动，经常采用的是由多名选手同时参加，在规定的时间里比较参赛选手实际完成的数量，最多者为胜。又如，选择限定比分额和胜局数的方式。这样的竞赛活动也可以用于群众性竞赛活动中。

值得指出的是，在这种情况下每次得分额原则上应当是同等的。假设在群众性的射击、射箭或飞镖等比赛中规定，只有射中9环以上才得1分，其余都不得分；且每局为5分，3局2胜制。

2. 从增强比赛可观赏性的视角

从提高竞赛的激烈程度，增强可观赏性出发，在与场地自行车团体和个人追逐赛相类似的竞赛项目中，既可按照正常途径，也可通过"追逐"的特殊途径取胜对手。

第六章 体育竞赛活动可观赏性研究

在现代体育赛事中观众是不可缺少的主体成员,增强体育竞赛可推广特性的核心内容是增强比赛的可观赏性,其理由是显而易见的。观众来到现场观看比赛的直接目的就是为了欣赏一场具有很强观赏性的比赛,并感受它所带来的身心愉悦。要是体育竞赛活动本身的可观赏性不强,不仅吸引不了观众,也无法吸引赞助商和媒体的积极参与。因此,只有首先解决体育竞赛的可观赏性问题,在此基础上对其进行有效的市场推广,才有可能吸引更多观众的参与和更大范围的普及。

体育比赛的可观赏性取决于许多因素。按照通常的理解,体育比赛的可观赏性首先取决于比赛本身的美学特征和人们对比赛的美学评价,同时体育比赛的可观赏性也取决于传统文化观念、功利性追求、竞赛管理因素等其他原因。

第一节 体育比赛美学价值概述

一、体育比赛的美学特征和美学价值

事物和现象的美学特征是客观存在的,而对它们的美学评价则属于价值观范畴。体育比赛的美学价值是体育比赛可观赏性的基础,在很大程度上也是一个竞技项目存在和发展的重要条件之一,因为它决定了对该竞技项目的社会兴趣。所以通过增强体育比赛的美学价值,减少或消除削弱美学价值的因素和环节,从而增强比赛的可观赏性是需要不断探索和实践的重要课题之一。

人类社会中存在着共同的审美观,但是也存在某个国家、民族、地区,或某个群体所认同的审美观。对客观事物和现象做出美学评价与评价者的受教育程度、专业特点、传统习惯、兴趣爱好等因素有关。人们会按照各自的视角、理念和标准对其做出好或不好、有趣或无趣、美或丑、真或伪的评价。

体育比赛的美学价值同样如此。曾有人认为,从事体育运动的人是"四肢发达、头脑简单"。持这样观点的人显然很难接受体育比赛具有美学价值的看法,甚至持否定态度。但是应当看到,随着体育科学知识的传播、体育事业的不断发

展，尤其是竞技体育和全民健身活动的蓬勃开展，否定体育比赛美学价值的人会越来越少。

由于受传统文化的影响，即使在赞赏和褒扬体育比赛美学价值的人群中，同样会对不同竞赛项目及其比赛做出"美"、不很"美"，甚至不"美"的评价。这就可以理解，为什么有一些竞赛项目能在全世界范围内受到青睐，而有一些竞赛项目仅仅在某个国家或地区受到欢迎。

例如，美国是世界公认的体育强国。四大项目：美式足球（或称"美式橄榄球"，NFL）、篮球（NBA）、冰球（NHL）和棒球（MLB）受到美国民众的特别关注。尤其是美式橄榄球，美国民众为之疯狂的程度远超过NBA篮球。美式橄榄球每年总决赛称为超级碗赛，在美国被看作是除"感恩节"和"圣诞节"之外的第三大节日。超级碗赛当日各大电视台停播所有电视剧，各大比赛让路，甚至2010年温哥华冬奥会比赛也不得不更改赛程。与此同时，美式橄榄球在其他各大洲却并不十分受到欢迎，与篮球在世界各地的受欢迎程度形成鲜明的反差。此外在美国，女子足球反而比男子足球受到更多民众的关注，也与其他国家恰恰相反；而在美国乒乓球则长期处于相对低迷状态。

又如，在美国赛车之都——印第安纳波利斯原来每年举行三种赛车比赛：F1赛车、印地-400（房车）、印地-500（直线车）。在当地最受观众欢迎的是印地-400赛车，三项赛车赛事中观众上座率最低的是F1赛车。而F1赛车赛在世界其他地区却受到比较广泛的关注，其中包括中国、日本、韩国、马来西亚等。最终自2008年起，F1赛车赛离开了印第安纳波利斯。出现这样的情况也许并不是因为这些竞赛项目本身缺乏美学特征，其中有些竞赛项目的美学特征甚至是毋庸置疑的，如男子足球、F1赛车等。但是在美国未受到民众的广泛欢迎，可能与传统文化观念有直接关系。人们对于观念上喜欢的东西，容易产生美感，继而产生观赏的欲望。反之则不然。

我国足球、篮球、排球、乒乓球、羽毛球、网球等竞技项目的比赛在国内都受到人民群众的广泛欢迎，而有些竞赛项目，如举重、摔跤、柔道、跆拳道等个人对抗性项目则仅仅在部分省市和地区受到欢迎。足球等项目目前在全国范围内保持着较好的开展情况，其主要原因是国家体育总局实施《奥运争光计划》，实行竞技项目统一布局，采取奥运、全运金牌导向等措施，而并不是从遵从大多数民众的审美观而做出的选择。

由此就出现了尽管在某些项目中有运动员能拿金牌，但是对这些项目的比赛却缺乏观众的热情参与。这也反映了体育行政部门过于关注金牌，而没有很好地提升和利用这些比赛项目的美学价值，吸引更多的观众观看，满足观众的需要，并推动这些项目的普及和提高。

在高度文明的人道主义社会中，对体育比赛的美学评价遵循的标准就是"更快、更高、更强"的奥林匹克精神，有利于人的健康和全面发展，也符合体育伦理道德规范。

美国职业摔跤（WWE）是一项带表演性质、看似十分残忍的比赛。尽管表演过程充满了虚假的成分，但是为人们发泄情绪和缓解压力提供了可能性。职业选手们为了博得观众的喜爱，付出了惨重的代价，选手们肋骨折断、鼻梁塌陷、跟腱撕裂屡见不鲜。

职业摔跤是美国社会文化危机的怪异产物，它尽管在美国拥有相当数量现场观众和电视观众，但是从本质上这项活动有悖于上述对体育比赛的美学评价标准。

二、体育比赛的美学价值与运动员的行为和行动

作为一项完整的活动，体育比赛的美学价值主要通过活动主体——尤其是运动员的行为和行动表现出来，同时也与竞赛活动的客体要素——内容、形式、条件等紧密相连。

运动员在体育比赛中的行为和行动大致可以从两个层面进行考察：第一个是道德素养层面的行为和行动；第二个是技、战术层面的行为和行动。体育比赛的美学价值与运动员在这两个层面的行为和行动都有直接联系。

（一）道德素养层面的运动行为和行动的美学价值

从道德素养层面看，比赛场地上运动员努力进取、志在必得、克服困难、追求目标、相互配合、团结协作的精神；尊重他人（对手、裁判和观众等），也尊重自己的行为以及比赛后向观众表示感谢、接受观众签名；接受记者采访时的文明言谈举止等都是体现体育比赛美学价值的重要内容。在日常生活中，运动员作为一名普通人，他们的一举一动同样受到周围人群和媒体的高度关注。虽然这些并不是发生在体育比赛中，但不仅对于体现他们个人的形象，同样对于增强体育比赛的美学价值和可观赏性具有积极作用。

如果运动员和有关人员在比赛场上或者日常生活中的行为和行动有悖于基本伦理道德规范，语言粗俗、行为蛮横，甚至违法乱纪，这不仅显现出自己不良行为的一端，同时还对该比赛项目的美学价值产生消极性影响。

例如某些足球协会管理层、部分裁判员和运动员参与"赌球""假球"的黑幕被揭开后，直接导致足球比赛观众人数陡减。一些媒体、教练员和一些社会知名人士一起呼吁广大观众到现场观看足球比赛。但问题恐怕不是光靠呼吁就可以解决。其关键在于足球界全体人士如何提高自我形象，提高足球比赛的美学价值。只有这样才有可能重新唤起观众到现场观看比赛的热情。

(二) 技、战术层面的运动行为和行动的美学价值

1. 运动行为和行动的美学价值的主要特点

体育比赛是竞赛性活动，体育比赛的一般特征是运动员在与对手激烈竞争的条件下借助于各种运动动作来完成比赛行动，超越和克服对手，力争赢得比赛胜利或获得优异比赛成绩。由此可见，体育比赛的突出特点是：第一，体育比赛中运动员是借助于运动动作，通过完成比赛行动与对手进行竞争；在球类和个人对抗性等竞技项目中比赛行动是在对手的干扰下根据比赛形势的特点组合的，是难以复制的。第二，体育比赛不仅注重过程，还注重结果，因此对运动员比赛行动效果的评价，不仅要针对它的过程，更重要的是针对其导致的结果。因为比赛结果经常是出乎意料，难以预测的。

体育比赛的上述特点决定了运动员运动行为和行动的美学价值不仅与静态特征（如匀称体形、优美姿势等）有关，还与动态特征（如快速移动、巧妙超越、灵活摆脱、默契配合、准确命中等）紧密相关。不仅与体育比赛的活动过程有关，而且与体育比赛的活动结果（如得分、获胜、成绩、名次等）的评价联系在一起。这也构成了体育比赛与表演活动（包括文艺表演、甚至体育表演）的原则性区别。

文艺表演活动属于演示性活动。这些活动首先注重的是表演的过程，但原则上不产生对表演的评价结果。观看体育比赛的观众与观看文艺表演活动的观众的区别就在于，观看体育比赛的大部分观众不仅关注比赛的过程，而且也关注比赛的结果，尤其是本方运动员（运动队）或自己所偏爱的运动员（运动队）在比赛中的胜负；在竞技体操等评分项目中观众同样关注的是他们所观看到的结果与裁判员的评分结果之间是否一致。

从竞赛活动主体角度出发，运动行为和行动的美学价值具有以下主要特点。

（1）美学价值与优秀运动员的出色临场表现紧密联系

优秀运动员之所以受到广大观众的青睐，就是因为他们曾在比赛中有过出色的临场表现，其中包括技、战术能力表现和人格魅力表现，都具有很高的体育美学价值和可观赏性。相当数量的观众是直接冲着明星选手的出场，期待他们有出色的临场表现才来到比赛现场或在电视机前观看比赛的。

例如，我国著名篮球运动员姚明比赛。在美国NBA，拥有大批美国观众。许多在美华人和中国留学生为了观看姚明，不仅在主场，甚至跟随休斯敦火箭队到客场观看比赛；同样，在国内也有数以千万计的电视观众在支持着姚明。著名的跨栏运动员刘翔同样在国内外享有极高的"人气"。刘翔在2004年雅典奥运会上获得金牌，平世界纪录，2006年创造了新的世界纪录12.88秒，观众们与他共享欢乐。现在我国优秀运动员的行列中又增加了一位杰出的英雄代表——获得2011

年法国网球公开赛冠军的中国女子网球运动员李娜。除了高超的球技和顽强的作风以外，李娜幽默而直率的性格，不仅使中国人、海外华人，同样使西方人折服，一致给予高度的赞扬。

当优秀运动员在比赛中缺乏高昂斗志和竞赛精神，始终没有任何脱俗的出色表现，再加上失误累累的话，虽然比赛也会分出胜负，但是比赛本身就会显得平淡无奇，失去了或者降低了它应有的美学价值，给观众带来的是遗憾。

（2）美学价值主要与成功的比赛行为和行动紧密联系

运动行为和行动的美学价值不仅体现在运动员依靠运动动作完成比赛行为和行动的过程中，更重要的是与这一过程所导致的成功结果紧密联系在一起。这在一定程度上可以从现场观众的掌声中获得证实。无论表现出怎样优美的姿态、完美的动作，只有当这一过程导致成功结果的时候，才能在观众中获得较高的美学评价；相反，要是没有导致成功结果的话，那么它的美学价值就会出现下降。这时候观众们的评价则是为其惋惜，甚至认为"华而不实"。

假定在足球比赛中一名运动员在同伴的巧妙配合下，自如地完成接球、突破等一系列完美动作后奋力射门，要是这时候球应声入网，那么观众给予的不单是"好球"，而是"太漂亮了""棒极了"的评价；但要是球过门不入，偏离而去，那么观众给予的就不会是美的评价，而只是为之可惜，认为浪费了一次极佳的进球机会，甚至认为这名队员的打门技术"太差了"。

因此，这里的美学价值与其说表现在运动员完成这些运动行为和行动的过程之中，不如说与这一过程产生的成功效果紧密联系在一起。而且，具有美学价值的不仅是完整的比赛行动，也包括比赛行为和行动中某一个环节的成功效果，如一次隐蔽的"妙传"、一次"鱼跃"式救球，同样会得到观众赞美的掌声。这就成为体育比赛中运动行为和行动的美学价值的显著特点之一。

（3）美学价值尤其与各个竞赛项目的独特"亮点"紧密联系

事实上，在一个竞赛项目中不是运动员每一个成功的比赛行为和行动都具有同等的美学价值。即使在广受观众青睐的竞赛项目中也只是某个或某些独一无二的成功比赛片段或成功结果会受到观众高度的美学评价。例如，篮球比赛中运动员的强力扣篮、斯诺克比赛中运动员完美的147分、棒球比赛中运动员的全力"本垒打"等。值得同样注意的是，在F1赛车、自行车和冰上短道速滑等场地竞速项目的比赛中，除了同场高速竞技以外，最具有美学价值的当属"超越"瞬间，包括起动后的"抢道"和竞速过程中的"弯道超越"。在所有这些比赛片段中都需要运动员表现出极高的技、战术能力和临场应变能力。而正是这些精彩比赛片段成为该项目比赛的"亮点"和主要"看点"，成为其可观赏性的基础。

这样的比赛片段有些是预期的，如当本方运动员在比赛中暂时处于落后的时候，观众们期待并相信他能寻找机会做出"超越"行动；这些行动也可能是意想不到的,如突如其来的"惊天大逆转",取得反败为胜的效果。而后者的美学价值往往更高,不仅具有更高的可观赏性,而且成为媒体广泛评论的焦点,观众茶余饭后谈论的话题。这就成为体育比赛中出色运动行为和比赛行动的魅力所在。

2. 运动行为和行动的美学价值的具体表现

从竞赛活动主体的视角,体育比赛中运动行为和行动的美学价值主要表现在"超强、难美、精巧、准确"之中。

（1）表现"超强"

"超强"首先表现在运动员挑战人类极限,冲击世界纪录或最好成绩的时刻,如完成100米跑或110米栏的冲刺、F1赛车比赛最后的直道冲刺、短距离游泳比赛最后的冲刺触壁、举重比赛冲击冠军或世界纪录时运动员把杠铃举至最高点、跳高或撑竿跳高运动员飞跃过竿的瞬间等;也包括球类比赛中的强力表现,如篮球比赛中的强力"扣篮"、排球比赛中的大力"扣球"和"干净利落"地拦"死"对方扣球、棒球和垒球比赛中的"本垒打"、足球比赛中被称为"世界波"的远距离强力"射门"和定位球直接破门等、手球比赛中的"鱼跃"射门、网球比赛中的"ACE"发球、乒乓球比赛中连续的远台对攻等都具有很高的美学价值,也是广大观众情绪最高涨的时刻。

（2）表现"难美"

"难美"不仅表现在运动员展示自己的匀称体形、强壮体格,更主要的是运动员在完成高难度的运动动作时所展示人体真、善、美的境界与和谐协调的表现力,竞技体操、艺术体操、花样游泳等项目的高难动作有"音韵与动作节奏的本能恰合"之美;短道速滑、花样滑冰、高山滑雪等项目的高难动作有"平衡自如,滑动驰骋"之畅。此外也包括篮球比赛中的高难度"扣篮"动作、排球比赛中的"鱼跃"救球、跆拳道比赛中的高难度"击头"动作、柔道比赛中的高质量摔对手的"一本"动作等。

（3）表现"精巧"

"精巧"主要表现在运动员在与同伴配合中或与对手的激烈对抗中巧妙地完成对于此刻比赛形势"恰到好处"的、与他人动作或移动物体（器械、球等）之间在时空方面和谐契合的运动行动。如足球比赛中运动员接底线传中球后头球攻门;篮球比赛中运动员巧妙摆脱对手、空切篮下并接同伴"空中接力"式的助攻传球后完成扣篮动作;网球比赛中的反上网穿越球;乒乓球比赛中连续逼对手反角后突然变向;羽毛球比赛中连续的"长拉短吊"等。

（4）表现"准确"

"准确"主要表现在运动员准确地射中目标。如篮球比赛中准确的3分投篮、足球比赛中运动员发定位球直接射门入网、射箭淘汰赛中连续打出10环、射击决赛中连续打出10.8环、10.9环的成绩、斯诺克比赛中精准的远台击球入袋和母球准确的"走位"等。运动员所有这些精彩的表现，再加上体育比赛过程不可复制、比赛结果难以预测的特点，就构成了体育比赛独特的美学价值，成为它具有很高的可观赏性并吸引广大观众的主要原因。

因此，在各个项目的《竞赛规则》中都应当保护和鼓励运动员通过完成运动行为和行动，表现更快、更高、更强、更美的动作能力，充分努力并放大提升体育比赛可观赏性的因素，以便吸引更多观众参与观赏。

第二节 体育竞赛活动可观赏性的提高方法

一、提高体育比赛可观赏性的方式

虽然体育竞赛活动的内容、形式和条件本身未被具体化以前并不具有美学价值，但是它们对运动员的运动行为和比赛行动中体现美学价值起到基础、促进和保障的作用。

（一）优化竞赛内容提高体育比赛的可观赏性

"体育竞赛内容"是指运动员在竞赛活动中完成的本项目特有的比赛行动和由此表现的专项竞技能力。

一个竞赛项目的基本特征以及与其他竞赛项目的主要区别是通过竞赛内容反映出来的，所以竞赛内容与该竞赛项目的美学价值之间具有直接联系。美学价值高的竞赛项目的特点可能是以它的竞赛内容为基础所表现出来的运动动作和行动美，如竞技体操、跳水、花样游泳、花样滑冰等；也可能它的竞赛内容本身并不一定十分美，但是对于运动员在运动行为和行动中体现出高度的美学价值具有基础性保障作用，如田径、游泳、自行车、射击、射箭和大部分球类等项目。

在现有的竞赛项目中，为了增强本项目比赛的美学价值和可观赏性，在优化竞赛内容方面，借助于"竞赛规则"的完善，大致表现在三个方面：第一方面是促进高端技术动作和行动的发展；第二方面是限制超强，力求平衡；第三方面是保持适宜的比赛得分量。

1. 促进高端技术动作和比赛行动的发展

"竞赛规则"应当保障本项目的运动技术向着明确的方向发展。在"竞赛规则"对该竞技项目技术动作的限制程度与技术动作发展趋势之间存在着一条未受到足够重视的客观规律性。这就是：要是"竞赛规则"对比赛中运动员运用的技术动作的限制越多、越严，那么将导致该竞技项目的技术动作向高端方向发展；而要是对比赛中运动员运用的技术动作的限制越少、越宽，那么将导致该竞技项目的技术动作向多样化方向发展。

这是十分重要的规律性，它不仅应当引起"竞赛规则"制定者们的高度重视，同样应当得到教练员和体育竞赛专家们的理解。因为它不仅直接影响到该竞技项目今后的发展方向，还决定了训练竞赛工作的指导思想，而且也完全可以遵照这一规律性，促进增强体育比赛的美学价值和可观赏性。

例如，在跆拳道比赛通过提高得分值来促进进攻中"击头"技术动作和行动的发展；竞技体操比赛通过区分难度分和艺术技术分来促进技术动作向高端难、美方向发展；跳水比赛则通过制订"动作难度表"来促进高端技术动作的发展；排球比赛通过允许发球擦网来鼓励运动员发展大力跳发球技术；网球比赛通过给予两次发球机会来鼓励运动员发展 ACE 球技术等。

在《乒乓球竞赛规则》中唯一针对发球动作有较多的限制。但值得商榷的是，目前的规定限制了受人体解剖学特征制约的可能性，影响了高难度发球技术的发展，也许适度放宽限制将更有利于乒乓球发球技术动作向高端方向发展。

2．限制超强，力求平衡

要是某一竞赛项目中，对手间的实力差距长时间处于过分悬殊的状况，难以构成激烈竞争对抗的话，将会使比赛失去悬念和应有的精彩程度。一开始观众们可能会为其中一方选手占据的绝对优势感到兴奋，但久而久之，由于优势过大，比赛胜负缺乏悬念，观众的观赏兴趣反而会逐渐减弱。

例如，20世纪50年代初美国NBA曾有一位超级球星麦肯，到了20世纪50年代末NBA又出现了另一位超级球星张伯伦，他们的个人篮下进攻能力都特别强，因此他们在篮下的精彩表现激发了观众们的狂热。但NBA的管理层意识到，这样的格局使得整个赛场似乎成为他们的个人表演场所，往往使场上其他球员也变为"观众"。这不利于NBA篮球的持续发展，也不利于篮球市场的进一步开拓。于是通过竞赛规则的修改，对超级球星的行为和行动做出一定程度的限制，以平衡整个赛场竞争的需要。1951年NBA把限制区由6米扩大为12米；1964年NBA再次把限制区由12米扩大为16米。其目的都是为了限制超级球星们长时间占据过于靠近篮筐的位置，以制约他们在篮下的作用。

中国乒乓球队目前也处于类似的境况。国际乒乓球联合会为了改变中国乒乓球队长期以来在国际乒坛的霸主地位，始终在想方设法采取一定的限制措施，可是一系列改革措施并未奏效。应当看到篮球、足球项目在世界各国都有很高的普及程度，而乒乓球项目则仅仅在一部分国家和地区有比较广泛的普及基础。所以，如果只是针对中国乒乓球队而采取限制措施，并不一定会促进其他国家和地区的普及和提高，相反还会影响国际乒乓球运动向最高水平方向的发展。而解决这一问题的关键在于国际乒联应当在世界范围内，特别是面向各国青少年做好乒乓球运动的普及推广工作，同时在中国乒乓球协会的帮助下，通过教练员、裁判员培训和运动员共同训练等措施，促进各国乒乓球运动水平的提高，努力改变目前"一枝独秀"的局面。

3. 确保适宜的比赛得分量

在球类和个人对抗性项目比赛中的得分是对比赛可观赏性的重要影响因素之一。在这些项目的比赛中经常可以看到，当比赛双方的比分始终追赶很紧的时候，比赛的可观赏性就会增强，观众的情绪就很高。如果这种情况出现在越是临近比赛结束的时候，可观赏性就越强，观众的情绪也就越高；当比赛双方的比分有差距，但落后一方拼命追赶，比分开始逐步接近，比赛的可观赏性就会增强，观众情绪也会就此提升；而如果这时候落后一方的精神状态低迷，比赛的可观赏性就会下降，观众的情绪就此会低落，甚至会提前起身离场。

在这些项目的比赛中可观赏性强的运动行为和行动主要出现在进攻中。大多数观众观看比赛更多的是看进攻、看得分；而只有比较"懂行"的观众才是既看进攻，又看防守；既看得分，又看如何阻止得分。这样一来，不得分或者得分量低（除足球比赛以外）难免对比赛的可观赏性产生一定的消极影响。

在一些竞赛项目中由于竞赛规则限制过严，造成得分难度较大。这样在对阵双方实力相当的情况下，往往采用的是"防守反击"的战术，造成比赛中出现低比分。这样不仅造成比赛的可观赏性随之下降，而且还增加了出现比赛平局的概率。这是许多项目的比赛中遇到的难题之一。在一些竞赛项目中当出现平局后解决比赛胜负的途径是"加赛"，或者直接由裁判员裁定胜负。其实这是现场观众最不愿意看到的结果，因为比赛胜负应当取决于参赛运动员的进攻和防守的效果，而不是由裁判员裁定。关键问题仍在于要适当增加得分量。

所以，如何使比赛得分量保持在一定的数量等级上就成为对抗性项目"竞赛规则"制定者们面临的一个课题。

例如，古典式摔跤，北京奥运会古典式摔跤比赛中大多数比赛结果都在3分钟以内。这样的比赛结果既增加了出现比赛平局的概率，提升了裁判员左右比赛胜负的可能性，又使得比分领先一方的运动员在剩余的比赛时间里可能不再积极进攻，而采取"磨时间"的策略；与此同时，比分落后一方的运动员也可能采取"磨时间"策略，要是其打算放弃这一局而全力以赴拼下一局的话（因为在古典式摔跤比赛中，每局是按时间确定的，但局内累计得分仅决定该局的胜负，比赛的最终胜负则取决于胜局数），这样一来就降低了古典式摔跤比赛的可观赏性，容易引起观众烦躁情绪。

古典式摔跤的竞赛规则制定者们早就意识到得分太少，不利于项目的推广发展。为此，对竞赛规则进行了多次改革。如从2005年起，国际摔跤联合会把每一节比赛改为两段，第一段（60秒）双方运动员正常对抗；第二段一名运动员做跪撑，另一名运动员做反抱摔，两名运动员交替进行，各30秒。也就是双方运动员各获得一次有利于进攻的机会。但是这些措施不仅没有从根本上解决得分低的问题，反而破坏了整个比赛过程的连续性，同时扩大了裁判员的权利。所以应当说这些改革措施并不十分成功。

2013年2月13日国际奥委会决定把摔跤从夏季奥运会的竞赛项目中剔除出去，主要理由是"推广不力、规则难懂、进攻不畅"。2月16日国际摔跤联合会（FILA）主席马丁内蒂因未通过信任投票而无奈离职。5月17日国际摔跤联合会代理主席塞尔维亚人拉洛维奇当选为新任主席。随后国际摔跤界对竞赛规则进行改革，消除了存在的缺陷。5月29日国际奥委会执委会经投票表决，把棒垒球、壁球和摔跤列为2020年夏季奥运会临时大项的备选项目。9月8日，经过陈述和投票表决，摔跤成为2020年和2024年夏季奥运会的临时大项，使得之前的努力终于得到了回报。当然经过改革的摔跤效果究竟如何尚拭目以待。

值得一提的例外情况是足球比赛。有资料报道，一场足球比赛平均进球数是2~3个。从得分量与比赛时间之比来看，与其他球类项目的比赛相比，毫无疑问足球比赛是最低的。但是从世界范围来说，足球比赛对于观众却是可观赏性最强的项目之一。这可以用一句话——"物以稀为贵"来解释。正因为进球难度大、进球数少，各支队伍才会把大部分力量放在进攻方面，发展各种精湛的进攻技术和战术配合；每一次进球才会具有如此之重的胜利"砝码"；正因为进球数少，所以一旦进球就会获得球迷们近似疯狂的欢呼，才会使赞助商们产生如此大的赞助热情，才会成为国际媒体始终关注的焦点。但是也应当看到，正是由于进球数少，在很大程度上也成为出现"足球流氓""球场暴力""黑哨""假球""赌球"的重要原因之一。当然足球比赛作为特例，不足以成为古典式摔跤等竞赛项目不进行改革的理由。

尽管这些竞赛项目的领导者们也在努力探索解决的办法，但是他们始终没有找到解决问题的正确途径。其实解决这一问题最好的途径绝不是把它交给裁判员去裁定，而是从竞赛规则出发，适当放宽对运动员进攻行动的限制，同时增加对防守行动的限制，这样才能对所有运动员都在公平的条件下解决适当增加比赛平均得分量的问题。

随着2016年奥运会高尔夫和7人制橄榄球项目的加入，对于一些可观赏程度较低的竞赛项目来说，危机与机遇并存。如果不进行有效的改革，就会面临新一轮淘汰出局的可能性。

（二）完善竞赛形式提高体育比赛的可观赏性

"体育竞赛形式"是指单场比赛中本方和其他参赛方运动员上场竞技的秩序结构特征。一部分项目的竞赛形式取决于项目本身的特征，在组织竞赛时无法人为选择，如球类和个人对抗项目；另一部分项目的竞赛形式则取决于约定俗成或完全取决于竞赛组织原因。选择适宜的竞赛形式对于增强比赛的美学价值和可观赏性具有不可忽视的作用。

观众的"观赛心理",正如塞莫斯·古里奥尼斯指出的那样:"在我们的灵魂中,存在着对超越、突出和胜利的内在需要。"大多数观众总是偏爱观赏竞争激烈、致力取胜的比赛。所以,在比赛中,采用有助于提升竞争性的竞赛形式,更有利于提高体育比赛的美学价值和可观赏性。从各个竞赛项目的实践效果来看,大致有以下四条途径。

1. 采用每球得分制和降低局分限额

在采用"等额竞局制"的竞赛项目中,继排球和乒乓球之后,羽毛球比赛中也采用了每球得分制,取得了较好的效果。这一项改革的主要目的是便于控制比赛时间,不至于由于多次换发球不产生得分而造成比赛时间被延长,同时也避免使观众产生烦躁情绪。但是在排球、羽毛球、乒乓球和网球比赛中每局局分限额各不相同,局数也不相同,而这些不同的赛制对比赛的可观赏性和观众的情绪也产生不同的影响。

观众到比赛现场观赏比赛主要出于两个目的:第一,欣赏高水平、精彩的运动动作;第二,观赏参赛选手创绩争胜的过程。对于高水平、精彩的运动动作可遇而不可求,只可期待,难以预测。而对于比赛胜负可依据以往的成绩和当前的比赛信息做出一定的研判。对于不仅希望从情感上,而且愿意从智力上积极参与比赛过程的观众,也是更"懂行"的观众,更感兴趣的是对比赛胜负的预判。而预判则需要获得更多、更有价值的信息。

在"等额竞局制"的赛制下,观众关注的首先是谁赢得单局比赛的胜利,然后才是谁赢得整场比赛的胜利。理想的比赛过程是某一局一开始双方比分就追赶很紧,交替上升,直至决出这一局胜负。这样在整个比赛过程中观众能始终保持饱满的观赏情绪。要是比赛过程不是如此,那么就可能出现另外的情况。如某一局中出现某一方比分遥遥领先的时候,观众认为这一局比赛已无悬念、无"看点",就容易产生厌烦情绪,希望这一局比赛尽快结束,等待看下一局比赛。在这种情况下,采用单局局分高,但局数少的赛制,如过去乒乓球比赛采用的21分制;与采用单局局分低,但局数多的赛制,如网球比赛采用的4分制相比,后者的优势就显现出来。在网球比赛中,一般情况下每一局争夺的时间不长就能产生胜负;双方比分为40:40以后的争夺,尽管时间会延长,但这时候是争夺比较激烈、胜负难以预料,也是观众情绪比较高涨的时候。不会出现所谓的某一方"遥遥领先"的局面,即使在某一局中双方比分出现40:0的话,也不至于对观众情绪产生很大影响。

由此可见,无论是采用单局局分高,还是采用单局局分低的"等额竞局制",观众情绪高涨都主要出现在这一局比赛接近结束前,双方比分相互追赶很紧,胜负尚未确定的时候。这样一来，采用单局局分低、局数多的赛制与采用单局局分高、局数少的赛制相比，就可能拥有更多的使观众情绪出现高涨的兴奋点。这显然对提高比赛的可观赏性具有积极的促进作用。

除此之外，采用单局局分低、局数多的赛制，由于局部性比赛结果不仅出现得更早，同时也产生的更多，也就是具有更多有助于研判比赛胜负的信息，这样就更有利于吸引"懂行"的观众们观看。

最后，单局局分低、局数多的赛制也使运动员在比赛中有多次间歇的机会，用于恢复机体的工作能力，以便继续保持比赛强度。这同样也是这种赛制的优点之一。

例如，国际乒乓球联合会上一轮对《乒乓球竞赛规则》修改时，把每局比分从21分减为11分，同时改为7局4胜制，使乒乓球比赛的可观赏性有所提升。

对乒乓球做一个纯粹虚拟的假设，要是国际乒乓球联合会当时不是把每局比分从21分减少为11分，实行7局4胜制，而是把比分提高到25分，实行3局2胜制的话，尽管总的比分值基本相同（77∶75），但是，由于前者每局的局分比较"短"，而后者每局的局分比较"长"，因此对于观众主观参与的兴趣和观赛情绪会产生不同的影响，从而对比赛的可观赏性同样具有不同的影响。

网球比赛之所以具有比较强的可观赏性，除了竞赛内容具有较强的吸引力以外，采用每局4分（15、30、40）、每盘6局、3盘2胜（或5盘3胜）的赛制同样是重要原因之一。

与此同时，排球比赛的每局比分从原来的15分提高至25分，除第5局以外，仍然实行5局3胜制。对这一改制也许由于集体项目的关系，似乎至今对此未出现多少异议。但是在羽毛球比赛中，把每局比分从原来的15分提高至21分，仍然实行3局2胜制。对这样的改革虽然得到多数人的赞成，但也存有不同看法。

目前世界羽毛球联合会正计划改革21分制，而中国羽毛球协会则从2013年赛季推出了每局11分的赛制。

值得注意的是在斯诺克比赛中，在不同的赛事中采用不同的赛制。如每年一届的斯诺克世界锦标赛决赛采用35局18胜制；半决赛采用33局17胜制；在此之前的比赛都采用25局13胜制。而在其他赛事中一般都采用短局制，即预赛9局5胜制，决赛采用17局9胜制等。这样既保持了斯诺克赛事的某些传统赛制，同时又适应现代赛事的改革潮流，采用短局制，以提高比赛的可观赏性和适应观众的需要。

所以与"长局"赛制相比，单局局分低、局数多的赛制更有利于激发观众的观赛情感过程，有利于为观众及时提供更多有关比赛胜负的信息，同时也有利于运动员恢复和保持体力，更好地完成比赛，所以拥有更宽阔的前景。

2. 采用"1对1淘汰制"的竞赛形式

"1对1"竞赛形式的优点是竞争对手十分明确,加上高度透明的记分,使得观众完全有可能从心理上主动参与到比赛过程中。"淘汰制"是一种排他性的赛制,所以每一场比赛都对参赛运动员具有决定"命运"的意义。这两种方式相结合的竞赛形式往往使比赛的竞争性更强,观众的参与性也更强。

例如,射箭比赛所进行的赛制改革。以往的射箭比赛采用的是"单轮共赛制",直接累加每一支箭的环数,以累计总和决定比赛成绩。这样的赛制虽然能保证在大概率的条件下产生冠军,但比赛的可观赏性却不强。经过赛制改革后,先采用"单轮共赛制"进行排名赛,然后对排名赛前64名运动员采用一对一的淘汰制,进入1/4决赛时称为"奥林匹克淘汰赛"。通过竞赛形式的改革,极大地增强了运动员之间的对抗程度,从而提高了比赛的可观赏性。

《射击运动竞赛规则》经过改革后,增加了决赛部分,进入决赛的运动员按轮依次发射并公布每一轮结果,因此在一定程度上提高了比赛的竞争性和可观赏性。2013年国际射击联合会对《射击运动竞赛规则》进行了新一轮改革。预赛成绩不再算入决赛,而且在决赛中采用"逐轮淘汰制"。决赛第一轮每一名运动员发射6枪后,成绩最低的一名运动员即遭淘汰。然后每一轮发射2枪,成绩最低的运动员遭到淘汰,直至产生冠军。

同时为了确保比赛具有更高的可观赏性,在采用淘汰制的比赛中应尽量避免最高水平的参赛选手过早相遇,以便把最终胜利者的悬念保留到比赛的最后一刻,因此需要设定"种子"选手,并分布在不同的区域,而其他选手则按序通过抽签到位。

3. 采用"一队对一队"对抗的竞赛形式

"一队对一队"与"1对1"的竞赛形式一样,优点同样是竞争对手十分明确。同时如果通过这样的竞赛形式,形成东道主队与其他各支强队之间的一对一对抗,必定极大地调动东道主国家或城市的观众观赏热情。

例如,存在于1986—2001年间总共只延续了五届的"友好运动会"是国际竞技体育史上,为了排除冷战时期苏、美之间相互抵制在对方举办的奥运会的消极影响的特殊产物。值得一提的是,在"友好运动会"的游泳比赛中采用的不是通常的"多方多轮共赛"的竞赛形式,而采用了"一队对一队"的特殊竞赛形式。例如,2001年在澳大利亚布利斯班举办的最后一届"友好运动会"的游泳比赛总共只设4支参赛队伍:世界明星队、欧洲明星队、美国队和澳大利亚队。采用"一队对一队"的对抗赛形式,男子和女子各16个单项比赛并在一天内赛完,然后按比赛成绩的折合分累计最终比赛成绩。这样的竞赛形式既提高了比赛的激烈程度,又增强了比赛的可观赏性,还有效地调动了澳大利亚观众的观赏热情。

又如，在国际乒乓球界中国队"一枝独秀"的局面已持续了许多年。现在大家都意识到，这不利于国际乒乓球运动的持续发展。为此，国际乒乓球联合会在采取其他积极推广措施的同时，在每年的中国公开赛期间，专门举办一场中国队对阵世界联队的比赛。这一比赛提高了与中国队抗衡的能力，提升了乒乓球比赛的美学价值，也增强了其可观赏性程度。

4.采用"同时同项"或"异时同项"的竞赛形式

以评分为主的复杂协调性项目，如竞技体操、跳水、花样游泳和武术套路等比赛中主要采用的是"同场异时出场竞技"的竞赛形式。这些竞赛项目的艺术表现力比较强，美学价值比较高，内容的可观赏性也比较强，但是由于竞赛形式的原因，竞争性却不十分强。

这些竞赛项目中尽管都在同一个赛场、同一片场地上竞技，但是从竞赛组织的角度，还应该顾及时间因素和单项因素。这样就有可能组成同时同项、同时异项（不同单项）、异时同项（循序出场）和异时异项四种不同的竞赛形式。

从有利于观众观赏和观众从心理上主动参与比赛过程出发，采用参赛运动员们同时同项（同一单项同时出场）和异时同项（同一项目循序出场）竞技的竞赛形式，观众更容易直观地比较他们完成动作质量方面的差异，而且观赏热情会更高。曾有专家建议武术套路比赛应采用两名或多名参赛运动员同时完成同一项目的竞赛形式，以提高武术套路比赛的可观赏性。而需要借助于器材器械的比赛项目，由于竞赛组织方面的原因，如跳水、蹦床比赛等采用的是异时同项的竞赛形式。

值得一提的是，在竞技体操团体决赛中采用的则是同时异项或异时异项的竞赛形式。目前竞技体操团体决赛由排位前8位的队伍参加，每队每个单项上场队员3名，以各队总累积分作为最终团体决赛成绩。比赛时各队按器械循序轮转，当一个参赛队在完成单杠比赛的时候，其他参赛队则可能在完成跳马、吊环或其他单项的比赛。在比赛现场虽有各队即时累积分的显示，但由于各队完成的器械练习不同，起评分也不同，因此比赛过程中各队的累积分实际上缺乏可比性。在这样的赛制下，观众们主要是欣赏运动员的精彩动作和为本方运动员喝彩，而只有当各队完成了若干个单项比赛的时候才有可能通过现场显示的累积分，对比赛的最终结果做出比较准确的预测。这样的缺点是不利于吸引观众从心理上参与到比赛的激烈竞争中去。

完善竞赛形式的建议是：团体决赛时把各队出场人员混合编成三个组，每一组中各参赛队各有一名运动员参加。比赛时各组仍按器械轮转，并以各队总累积分作为最终比赛成绩。但这时候整个比赛过程与现行赛制下的比赛过程的不同点在于，由于在每一项器械的比赛中各参赛队都只有1名运动员参赛，每一个单项的比赛中都体现了各队之间的相互竞争，而所有单项比赛中这样的竞争汇聚在一起，就极大地增强了整个比赛的竞争性和可观赏性，有利于观众情感过程的积极参与。

（三）完善竞赛条件提升体育比赛的可观赏性

虽然竞赛条件并不能对体育比赛本身的美学价值直接产生作用，但是通过完善竞赛条件，一方面使观众能在更舒适、更清晰的条件下观看比赛；另一方面通过增加具有美学价值的观赏内容，对提升体育比赛的美学价值和可观赏性具有补充和辅助性作用。从各个竞赛项目的实践来看，完善竞赛条件大致采用三条途径。

1. 完善竞赛硬件条件

提供舒适良好的现场观赏体育比赛的条件是吸引广大观众的重要因素之一。如果竞赛硬件条件（包括比赛场地、比赛器材、观众过道和席位等）既破旧又脏乱不堪的话，显然不可能吸引观众到现场观看比赛。为此，竞赛硬件条件应当始终保持良好的状态，以便使观众在观赏比赛过程中自始至终保持积极的心态。

许多城市为了筹备重大国际赛事，不仅为此投资改善城市公共交通设施等硬件条件，还建造新的比赛场馆。如北京市为了筹备2008年第29届奥运会，新建了特色鲜明的"鸟巢""水立方"等高等级比赛场馆；又如上海市为了筹备2011年第14届世界游泳锦标赛，新建了"东方体育中心"。这些新的比赛场馆有助于吸引更多的观众到现场观看比赛，其中不乏观众是为了欣赏这些新的比赛场馆而来。而建造新的比赛场馆也带来了一个共性问题，即赛后的合理使用和管理问题。对于这一问题，从实践到理论都正在进行探索和尝试。

2. 扩展现场竞赛信息

在现代体育竞赛活动中，为了帮助现场观众了解更多的比赛信息，特别是某些精彩比赛片段，以便使他们能从情感上深入参与到比赛过程之中，主要借助于电子信息技术设备，尤其是电子屏幕，来为现场观众提供更多的竞赛信息。

在体育比赛中应该在三个方向上使用电子屏幕。

第一方向是用于传递参赛运动员（运动队）的基本信息。例如在比赛开始前，介绍上场运动员的情况。

第二方向是用于显示参赛运动员（运动队）比赛过程中的得分和其他技术统计指标。

第三方向是用于回放某些精彩的比赛片段。

如上所述，许多竞赛项目中都有几个独一无二的、可观赏性较强，备受观众青睐的比赛行动。如篮球比赛中的精彩"扣篮"，足球比赛中的强力"射门"，F1赛车比赛中的"弯道超车"行动等。但是这样的比赛行动稍纵即逝，观众往往不一定看得很清。所以在不少竞赛项目的比赛现场安放了电子大屏幕，接受电视转播信号，对精彩比赛行动的镜头进行慢动作回放。比较典型的例子是NBA比赛场地中央上方安放的高清12屏全景视频吊舱，不仅帮助坐在场内任何区域的观众能看清运动员高水平动作的细节，还可以在第一时间获取技术统计数据。

3. 增加视觉观赏内容

在现代体育竞赛活动中，除了观赏运动员的比赛行为和行动以外，其他一些内容也成为观众们观赏的对象。虽然这些内容本身并不会直接增强体育比赛的美学价值，但是可以对其起到补充作用。

首先，赞助商们在比赛现场设置的广告牌是观众有意无意地观赏对象。随着信息技术的发展，从固定的广告牌发展到使用滚动播放的广告器。但是在某些竞赛项目中，为了防止过多的色彩干扰运动员集中注意力，规定各类产品的广告牌只能采用首席赞助商指定的标志色。例如，当德国奔驰公司作为职业网球联合会首席赞助商的时候，在职业网球联合会管辖的国际网球比赛现场的所有广告牌都使用蓝色；而当荷兰喜力公司成为上海"喜力网球公开赛"的首席赞助商时，比赛现场的所有广告牌都使用绿色。

其次，在美国职业篮球联赛和我国职业篮球联赛中，活跃于比赛间歇，身着鲜艳服装的专业篮球啦啦队已成为一道靓丽的风景线。通过啦啦队员们的劲舞，使现场观众们的注意力在紧张的观赏中暂时获得一定的松弛，同时也填补了比赛间歇必要的休闲内容。

总而言之，只有在保持竞赛项目基本特征的前提下，充分顾及广大观众的观赏需求，不断优化体育竞赛活动的内容、形式和条件，才能提高体育比赛的可观赏性。

二、影响体育竞赛可观赏性的其他因素

毫无疑问，体育比赛的美学价值是体育比赛可观赏性的基础，原则上美学价值高的体育比赛，它的可观赏性也强。然而，体育比赛是一个完整的过程，一般要持续 1～2 小时，甚至更长时间。就大多数竞赛项目而言，在这一过程中具有较高美学价值的运动行为和行动并不是连续不断地，而只是片段性地，甚至间隔较长时间才出现。所以从竞赛组织的视角，为了使整个比赛过程保持较高的可观赏性，一方面要尽量把可观赏性强，受广大观众关注的各场精彩比赛按照"同场异时"（对于比赛现场观众）或"异场异时"（对于电视或网络观众）的方式进行安排；另一方面有必要把其中可能引起观众出现枯燥、烦躁情绪的环节压缩到最低限度，使整个过程的各个环节之间减少中断、衔接紧密、运行流畅，从而使观众始终保持饱满的观赛热情。这同样是确保体育比赛可观赏性的重要因素。

例如，自 2005 年以来，上海已连续 7 年举办国际田联黄金大奖赛（后称"钻石"大奖赛）。几乎每年都有一定数量的观众为了观看刘翔比赛而来。他们往往在 110 米栏比赛开赛前 15 分钟左右进场，看完刘翔比赛就离去。记者采访他们时，他们说："每年上海的这一场比赛，"亮点"只有一个，就是刘翔，除

此之外没有其他看点。"观众的看法十分值得赛事举办者深思。

因此，除了体育比赛要不断增强本身的美学价值以外，还要从竞赛组织的角度为其提供相应的保障，只有这样才能使体育比赛的可观赏性真正得到体现。

（一）确保观众"看懂"和"看清"比赛

能"看懂"和"看清"比赛是维持已有观众和吸引未来观众的基本条件。俗话说："外行看热闹，内行看门道。"观众对于自己"看不懂"，而只有内行和裁判员才能看懂、看清的比赛，是不会长时间给予热情关注的。首先要让观众"看懂"在什么情况下视为得分、可以得多少分；而在什么情况下被视为犯规或违例、应当罚多少分等。其次要让观众清晰地"看清"比赛的全过程。这样才能使看"热闹"变成为看"门道"，受到更多观众的关注和喜爱。

1. 提供必要信息，消除观众疑问

在以上"扩展竞赛现场信息"一节中已经提到在现代大型体育赛事中广泛使用电子大屏幕，及时向现场观众提供比赛过程中发生的各种信息，特别是比分、技术统计资料以及关键动作的慢镜头重放等进行了详细阐述，此处不再重复。

这里要强调的是当在比赛过程中发生了某些事件，但观众并不十分了解其发生的原因以及处理的结果。在这种情况下，电视机旁的观众可以通过节目主持人的现场解说来了解，而现场观众也希望在必要的时候能听到这样的解说，尽管在现场要完全做到这一点存在着一定困难。但在这种情况下，无论如何应当力争给观众一个明确的解释。

例如，在2011年韩国大邱举办的第13届世界田径锦标赛男子110米栏的比赛结束后，成绩公告迟迟未公布。由于这场比赛是我国优秀运动员刘翔伤愈复出后第一次参加世界最高等级的田径赛事，同场竞技的有著名古巴选手罗伯斯、美国选手奥利弗等，为此引起了广大观众和各国媒体的高度关注，在现场观看比赛的我国观众更是翘首以待。从比赛结果来看，古巴选手罗伯斯排第1、美国选手理查德森排第2，我国选手刘翔排第3。但是在跨完最后一个栏架后在冲刺过程中罗伯斯向后摆手时两次打到刘翔手臂，干扰了刘翔的冲刺，属明显犯规动作。但是现场观众却不知发生了什么事情，始终在等待比赛结果的发布。与此同时，比赛结束后约1小时，电视机前的观众则通过节目主持人获悉，古巴选手罗伯斯因犯规被取消成绩。

2. 使得分标志更鲜明

得分标志是每个竞技项目之间相互区别的外部特征之一。例如，篮球比赛中投篮入筐、足球比赛中射球入门、排球比赛中把球拦在界内等，这些都是既鲜明，又直观的得分标志。以往乒乓球比赛中，由于球体过小和移动速度过快，使得现场观众难以看清其实际运行位置。为了让观众能"看清"比赛过程，国际乒乓球联合会决定把乒乓球体的直径从 38 毫米增大到 40 毫米，取得了一定效果。

但在某些个人对抗项目中，得分标志仅仅在理论上是清晰的，而在实际认定方面有时候并不一定完全清晰，所以只能借助于裁判员的临场判断打分，例如古典式摔跤、拳击等项目。得分标志越不鲜明，得分过程就越难以做到"透明"；观众越看不清，比赛的可观赏性就越差，同时在得分环节上出现偏差的可能性也就越大，对裁判员临场准确判断能力和职业操守的要求就越高。

为了使比赛过程更公平规范，也为了使观众"看懂"和"看清"比赛，对于这样的竞赛项目也许只有两个途径可选择：第一，借助于电子辅助裁判器代替裁判员确认得分；第二，把裁判员打分的过程"全透明"。目前在一些竞赛项目中已经把裁判员每一次打分结果，即得分直接显示在屏幕上，但是没有在屏幕上公开每一位裁判员的打分过程。例如，跳水比赛中 7 位裁判员对每一位运动员的打分结果都明确地显示在大屏幕上。只有把整个裁判员打分过程公开透明，消除裁判员可能的"暗箱操作"，将其置于广大观众的监督之下，这样的比赛才更有可观赏性。

3. 借助于辅助裁判器

随着现代信息技术的发展，为了提高裁判精度，不少竞赛项目开始在比赛现场使用电子辅助裁判器等设备。这对于精确执裁是一项十分积极的措施，同时也有助于现场观众"看懂、看清"比赛。

例如，在网球比赛中，当运动员对司线员"确认"的界内球或界外球持有异议时，可以申请复议。这时候"鹰眼"显示的结果被作为复议结论的基本依据。这一做法更合理，也更"人性化"。而且在现场完成的这一复议过程不仅能使观众产生亲身参与复议的感觉，同时这一过程其本身也具有一定的可观赏性和吸引力。

但是在电子辅助裁判器的作用方面，不同的竞赛项目持有不同的态度。例如，在花剑比赛中，电子辅助裁判器所提供的信号有时候只被作为裁判员"确认"得分的参考依据，而非直接依据。例如，当双方的灯同时亮起时，将要由裁判员判定"谁是主动进攻""谁是非主动进攻"，才能最后决定由谁得分。从法理上讲，这时候裁判员拥有的"确认"权限，转变为"裁定"。这不仅无形之中扩大了裁判员的权限，同时也使观众又一次陷于"看不懂"的境地。

当然，为了帮助观众"看懂、看清"比赛，需要向观众普及各竞赛项目的知识和该赛事的基本知识。而最简单，也是最有效的途径就是吸引观众参与该竞赛项目的活动，通过亲身参与不仅使观众了解该竞赛项目的有关知识，而且也容易激发他们参加学习这一项目技能的兴趣，并进一步形成和强化观赏该项目比赛的愿望和需要。

（二）确保比赛过程的紧凑流畅

比赛过程的紧凑流畅对比赛的可观赏性有不可忽视的影响。比赛过程过多地被中断，容易引起观众的烦躁，进而直接影响到观众们的观赛情绪。

比赛过程暂时中断的主要原因包括：第一，竞赛规则所规定的比赛过程本身就不完全是连续的。例如，棒球、垒球比赛中投手的每一次投球间、击球手之间交替时以及两队攻防转换时出现的停顿等；第二，临场裁判员鸣哨判罚，造成比赛的暂时中断，如篮球、足球比赛中判犯规或违例；第三，竞赛规则允许的暂停、替换运动员、节与节或回合与回合之间、两个半场之间的休息以及各场比赛之间的间歇等；第四，运动员或教练员对判罚不满，请求当场复议所造成的比赛中断，如摔跤、柔道、跆拳道比赛中由于一方教练员提出申诉，仲裁员需要通过重放比赛录像才能做出复议结论；第五，由于发生意外事故，如运动员受伤、自然灾害等。

在"七人制橄榄球"比赛中，采用的赛制是每场比赛仅为 15 分钟，上下半场各为 7 分钟，中间休息 1 分钟。所以，整项赛事是一场接一场连续进行，每场比赛之间都有一定的间歇。为了避免由于持续时间长和间歇多，引起观众的疲劳和烦躁情绪，按照"七人制橄榄球"比赛的举办惯例，允许观众在观赛过程中喝啤酒，同时在各场比赛之间播放迪斯科音乐，让观众随着音乐在原地进行活动。这也成为"七人制橄榄球"比赛一道特殊的风景线。

为了减少比赛过程的暂时中断，在某些球类项目比赛中允许可不经裁判员同意，"自由"地替换运动员，如排球替换"自由人"、手球比赛中的换人等。为了控制比赛过程暂时中断的持续时间，在棋类、斯诺克等比赛中采用限定运动员用时。

在上述列举的暂时中断比赛的各种情况中，除了竞赛规则所规定的，不可避免的以外，有三种情况值得注意：第一种是由于比赛现场管理不严所造成的，如运动员故意拖延比赛时间，裁判员未予以有效地制止；第二种是竞赛规则赋予教练员过多的暂时中断比赛的权利，如现在篮球比赛中不仅有 1 分钟的暂停，还有 20 秒的短暂停，而且在实际操作中还要超时；第三种纯粹是人为的暂时中断，被运动员和教练员用于作为拖延比赛时间的战术手段，如足球比赛的最后时刻运动员倒地假装受伤等。这三种暂时中断比赛在很大程度上都属于管理性中断，完全可以通过从严管理予以限制。

为了确保比赛过程连续、紧凑、流畅地进行，可以采取以下措施。

第一，从竞赛规则出发，压缩必要的暂时中断的持续时间，例如替换运动员等，严格控制暂停时间；对于足球比赛下半场，建议可以采用记录"纯净"比赛时间（例如篮球比赛那样）的方式，以排除运动员通过"倒地不起"、教练员通过替换运动员而故意拖延比赛时间的行为。

第二，从比赛现场竞赛组织出发，把握好上下半场、不同竞赛项目和前后两场比赛之间在时间方面的紧密衔接。

第三，从临场裁判员出发，对于攻防转换、界外发球、长时间思考（斯诺克）等行为限制时间；同时也要充分认识到，比赛中裁判员过多的哨音将造成比赛过程不得不一次又一次地被中断，往往会使观众感到厌烦。所以，裁判员应当从有利无利的角度出发，准确把握好执裁尺度，尽量保障比赛过程的紧凑流畅，以提高其比赛的可观赏程度。

（三）为表现高难技术动作提供保障

各个竞技项目的竞赛规则都力图促进本项目高难技术动作的发展，而恰恰是这样的高难技术动作对于观众来说具有很高的可观赏性，因此在比赛实践过程中临场裁判员应当依据《裁判法》对其提供相应的保障。

例如在篮球比赛中，最受观众欢迎的是"扣篮"。为了鼓励运动员表现高水平的扣篮技术动作，一方面每年全明星比赛时要举行轰动篮坛的扣篮大赛；另一方面运动员在比赛中扣篮会受到临场裁判员的特别保护。从《裁判法》上严禁防守队员对扣篮运动员采取易产生伤害事故的危险动作，一旦发生将受到严厉处罚。但是实践中确有个别裁判员对于运动员表现高难技术动作似乎抱有一种"逆反心理"，全然不顾现场观众的情绪。

综上所述，竞技项目的管理者和赛事举办者要清醒地认识到，为了确保本竞技项目的持续发展，一方面要始终坚持本项目比赛的"公平、规范"；另一方面有责任不断增强本项目比赛的可观赏性，把两者有机地结合起来。只有这样才能真正地吸引观众、赞助商和媒体对本项目赛事的参与，并积极参加到本项目的活动中来。

第七章　体育竞赛活动中观众的研究

观众、赞助商和媒体是现代体育赛事不可或缺的重要主体，其中观众的积极参与是赞助商和媒体加盟的前提。大批观众踊跃参与的比赛既是受到社会广泛关注，又是赞助商争相赞助、媒体勤于报道的比赛。

职业联赛和职业体育赛事则有所不同。职业联赛和职业体育赛事本身就是一个大市场，这一市场的主体首先就是观众，在这里赛事自身的可观赏性对观众的吸引力具有十分重要的意义。所以，职业赛事举办方、职业俱乐部和职业运动员都不得不时刻关注比赛过程能否吸引观众，进而能否受到赞助商和媒体的关注。因为没有他们的积极参与，职业联赛和职业体育赛事就无法维持，职业竞技体育就无法生存。目前我国职业俱乐部和职业联赛运营中存在着较大困难，除了管理体制方面的原因以外，相当数量的职业联赛主场观众人数不足也是其中主要原因之一。

第一节　体育竞赛活动中观众的特点和作用

一、体育赛事观众的特点

国内外都有关于体育比赛观众问题的研究报道。20世纪90年代，西方就有人提出了"看台文化"（Stands Culture）的概念。我国对体育比赛观众研究的时间不长，北京成功申办第29届奥运会后，国内学者则开始更多地关注体育比赛观众问题。

卢元镇（2002年）认为："体育看台文化与紫色的剧场文化、金色的音乐厅文化、黑色的电影院文化和色彩斑斓的广场文化共同构成了人类的观赏文化。然而体育看台文化是一种绿色文化。"张发强（2008）指出："应该利用奥运会这样一个契机，认真研究观众对体育比赛的影响和作用，研究影响观众观看比赛的各种因素，建立具有中国特色的体育观众学。"

不同的学者从不同的视角对体育比赛观众的特点进行了研究。

例如，在沙拉夫等人的研究中曾按照体育比赛的美学特征，把观众分为三个组:第一组观众对竞技运动的美学方面完全无兴趣,使他们激动的是比赛的技术和结果方面,以及与此有关的情感反应;第二组观众对观看比赛有一定的美学满足,但是他们对竞技运动的美学满足仅仅是偶然的;第三组观众在体育场馆或电视机前观看比赛首先是试图通过直观竞技运动中的各种美学价值表现,感受美学享受。这一组观众的特点是对竞技运动形成了稳定的美学需要。对于他们重要的与其说是运动成绩,不如说是获得这一成绩的路径有多"美"。在这些观众中会产生否定性反应的是一部分运动员对其他运动员纯粹依据身体上的优势,而不是道德上的和美学上的优势。

王雪峰等人(2008年)曾针对目前体育观众的研究状况和发展趋势做过研究。研究报告指出:"目前国内对体育观众观赛动机方面的研究成果较少,且停留在简单描述层面,缺少系统深入的研究。而国外学者认为动机是预测实际行为的关键因素,特别主张对观赛动机的研究。"

人的任何一项活动都取决于动机和需要,观众观看体育比赛也不例外。在我们多年的研究中发现,观看比赛的动机可能来自多个方面:可能来自兴趣。如对体育、对某一个体育竞赛项目、对某一位(几位)运动员、对某一个(些)比赛场次,甚至对某个比赛场馆的兴趣;可能来自由归属感所产生的关心,甚至义务。如参赛运动员(运动队)的亲人或"铁杆球迷"出于对他们的热爱,亲自到比赛现场为他们加油助威,给予精神支持;可能来自由承担的工作任务所产生的责任。如专业人员负有了解和研究的任务,或者"球探"负有"刺探军情"的任务等;可能纯粹来自个人的经济利益驱动。如由于参与博彩,甚至赌博而关注自己的输赢;也可能没有明确的动机,被"组织"或被带领到现场观看比赛的。总之,观众观看比赛的动机多种多样,不胜枚举。

当把持工作动机和经济利益动机的"观众"不列为研究对象的话,影响观众观看体育比赛行为的主要有三个因素:第一,出于对该比赛项目的个人兴趣爱好。一般来说,对观赏体育比赛的兴趣爱好是有指向性的,例如足球球迷、篮球球迷、网球球迷各有所好,个人兴趣爱好与家庭、教育、周围环境、传统、个人运动经历等有关,同时观众的兴趣和爱好并不是一成不变的,既可以培养,也可能随环境和条件的变化而发生改变;第二,出于与参赛运动员(运动队)之间存在的某种亲近关系。作为参赛运动员(运动队)的"忠实"观众,几乎有赛必到,甚至把观看他们的比赛视为自己的责任或义务;第三,出于对具有强烈可观赏性比赛的观赏愿望。这部分观众往往选择性地观赏十分精彩,尤其是有著名"球星"出场的比赛。

要是把上述这三个因素作为划分依据,体育比赛的观众群体可以分为三类。

(一)有明确"观赛立场"的观众

他们的动机就是履行自己的责任或义务;他们的需要就是支持和帮助"自

己"的参赛运动员（运动队）在比赛中获得优异成绩。所以，对于这一类观众来说，比赛的胜利往往是第一位的，而比赛的可观赏性则可能是其次的。这一类观众可以分为以下三个部分。

1. 具有热爱祖国、热爱家乡情感的观众

全力支持中国国家队的中国观众，既包括国内观众，也包括中国队在国外比赛时的中国留学生和当地的华人观众。为了祖国的荣誉，在2008年北京奥运会上，我国观众全力以赴地为各个比赛项目的中国运动员加油喝彩，激励他们在比赛中力争取得最好成绩。中国最终能获得51金、21银、28铜的优异成绩，毫无疑问其中有我国观众的一份功劳。在2012年伦敦奥运会和2016年里约奥运会上，尽管存在时差，但许多中国观众几乎通宵达旦地观看有中国运动员出场的比赛。

2. 主场比赛（职业联赛、大学联赛）观众

他们自我赋予的义务就是不遗余力地支持和帮助本地区的球队争取比赛胜利。我国职业篮球联赛中有几个被称为"魔鬼主场"的赛区，如广东东莞银行队、山西汾酒队、新疆队的主场等。被称为"魔鬼主场"不仅因为主场胜率高达90%以上，还拥有最狂热的球迷、最火爆的赛场气氛，如在新疆队主场还有最动听的球队队歌，最美丽、最有风情的热场舞蹈等。

在主场比赛观众中有一个更深层次的观众群体——该职业俱乐部的专属球迷群体（在美国也包括大学运动队的本校大学生观众）。他们在赛场看台上穿戴着带有该俱乐部标志的服饰，"立场坚定"地为自己的俱乐部队喝彩加油；他们对能成为该俱乐部队的专属球迷感到很自豪，表现出极高的"忠诚度"，并希望由此得到更为肯定的认可；他们不仅在该俱乐部队的主场履行自己的义务，而且也跟随俱乐部队奔赴客场观看比赛；这部分观众对该项目有很大的兴趣和爱好，不仅观看比赛，还积极参与该项目的活动。因此，在职业俱乐部的周围形成这样相对稳定的专属观众群体是职业俱乐部生存的重要前提是职业俱乐部不可或缺的组成部分。他们之间是所谓"皮之不存，毛将焉附"的关系。

3. 与参赛运动员（运动队）具有亲近关系的观众

如参赛运动员（运动队）的亲属、朋友、同学和同事。他们主动称为"本方"观众，在比赛现场或电视机旁为比赛喝彩加油。

这一类观众是比赛现场观众的重要组成部分。正因为他们的热情加入，才使运动员精神抖擞、信心倍增，才使赛场呈现激烈场面。有时候，这一类观众的现场支持甚至会直接影响比赛的胜负，帮助自己所支持的运动员转败为胜。例如，在2012年法国网球公开赛第一轮比赛中，世界排名第5位的美国著名女子选手塞雷娜·威廉姆斯（小威）与排名第111位的法国老将拉扎诺相遇。小威先以6∶4拿下第一盘，在第二盘中又以5∶1领先。眼看胜利在望，但是在法国观众针对小威的一片嘘声和针对拉扎诺的一片加油声中，小威突然失去手感，接连击球失误，

被拉扎诺连得 6 分，反败为胜。此时现场法国球迷的情绪继续高涨，再次向小威发出嘘声。面对嘘声小威的承受力变得脆弱，难以压抑情绪的她在第三盘比赛中竟然一口气连丢 5 局，虽然之后她连追 3 局，但还是不敌对手，最终止步于第一轮。

（二）追求体育比赛的可观赏性，甚至有一定"目标观赏对象"的观众

这类观众既出现在集体项目比赛中，也出现在个人项目的比赛中。他们的动机是"喜爱"或"崇拜"；他们的需要是通过观赏运动员在比赛中的出色表现以达到身心愉悦。

这部分观众对该项目比赛具有比较稳定的兴趣，对著名运动员比较熟悉，而且往往比较"懂行"。虽然他们与参赛运动员（运动队）之间不一定有直接的关系，也不一定有十分明确的"观赛立场"，但是他们对观看哪一支参赛队、哪一名"球星"或优秀运动员具有明确的选择性。这些优秀选手既可能是中国运动员，也可能是外国运动员。如英格兰足球超级联赛、意大利足球甲级联赛或西班牙足球甲级联赛的某支队伍；田径选手博尔特、伊辛巴耶娃以及我国选手刘翔；网球选手费德勒、纳达尔、德约科维奇以及我国选手李娜等；斯诺克选手希金斯、奥沙利文、塞尔比以及我国选手丁俊晖等。这些都可能是他们的"目标观赏对象"。

于这一类观众来说，该项目比赛的可观赏性十分重要，比赛胜负虽然得到关注，但与他们的关系不大。对于他们来说重要的是期望能观赏到他们所崇拜的著名选手在比赛中的杰出表现，从而获得心理上的极大满足。例如，在 2011 年采用 35 局 18 胜制的斯诺克世界锦标赛决赛中，由老将希金斯对阵新秀特伦普。在整个比赛过程的大部分时间里特伦普始终占据优势，但希金斯紧紧咬住，直至比赛的最后阶段，希金斯才取得领先，以 17∶15 率先进入赛点。在第 33 局比赛中始终处于落后的希金斯在台面只剩 2 颗球的最后时刻获得上手机会，他先是出人意料地以一杆"翻袋"击落粉色球，再以一杆准确的远台击落黑色球反败为胜，从而获得这一届世界锦标赛的冠军。如此精彩跌宕的比赛过程使现场观众和电视网络观众都大饱眼福，心理上获得了极大满足，而且成为他们经常谈论的话题。

目前我国一些大中城市都已经拥有一些每年固定举办的重大国际体育赛事，如 F1 赛车赛、ATP 世界巡回赛 1000 大师赛、中国网球公开赛等，但目前这些赛事中尚没有或较少有我国的优秀选手。拥有相对稳定的观众群体十分重要，但前提是要有观众崇拜的著名选手出场比赛。

（三）为了感受某项目比赛"美感"的观众

感受某项目比赛"美感"的观众在一些表演性很强的项目，如竞技体操、跳水、花样游泳、花样滑冰等项目的比赛中表现较明显。他们的动机是"好奇"或"尚新"；他们的需要是满足自身对美的视觉享受。这部分观众往往对体育比赛

只有初步的认识,还没有完全形成稳定的兴趣。他们出现在观众席上可能有多种原因,有的是为了观赏以上项目比赛中的美学价值,有的是冲着其中某些选手而来,有的纯粹是由于偶然的原因,甚至也有的主要是为了欣赏新建比赛场馆而顺便来观看比赛的。

对于这部分观众来说,体育比赛的美学价值和可观赏性是首要的。如果在视觉观赏中他们的美学需要得到很好满足的话,他们可能会逐步迈入稳定的观众群体行列;相反,如果他们的美学需要没有得到满足的话,他们可能今后就不再愿意出现在观众席上。以职业网球联合会网球在中国的推广为例。1996 年职业网球联合会为了打开中国网球市场,带着国际系列赛中的一站来到上海带资推广。两年后,1998 年上海巴士集团出资购买该赛事的举办权并开始自行举办,就成为后来的"喜力网球公开赛"。这项赛事一开始并未受到上海观众的高度重视,但是由于邀请世界著名网球选手,第一位是美籍华人张德培参赛,并通过有效地市场运作和有力的宣传推广,向观众们展示了一种场内与场外、场上与场下积极互动的全新的体育竞赛运作模式,观众人数开始逐渐增多,参加网球活动的热情也逐渐升高。直至 2002 年举办上海网球大师杯赛的时候,不仅上海本地,从全国各地和国外都来了许多观众到现场观看比赛,几乎场场比赛都爆满。由此在上海出现的网球运动热潮,一直保持至今。在此之后其他城市如北京、广州等也先后开始举办国际网球赛事。

由此可以看到,对于一项新的甚至并不了解的体育竞赛活动,不仅要增强自身的可观赏性,同时也要借助于有力地宣传推广,不仅使广大观众们认识,同时也要使他们通过亲身体验,感受到其中的乐趣,才能使他们从不接受到接受,从接受到热爱。

二、体育赛事观众的作用

观众是现代体育赛事不可或缺的重要主体成员。对于体育赛事来说,观众的作用具体表现在四个方面。

(一)观众是比赛现场氛围的营造者

现场观众热情高涨的比赛感染力较强,对比赛场上运动员的影响力也较大。职业联赛中的主场优势首先是指观众带倾向性的激情,为主队加油鼓劲。缺乏观众踊跃参与的比赛现场,至少说明这一比赛和参赛运动员(运动队)未受到观众的关注和欢迎;冷清的场面对参赛运动员的状态和情绪容易产生消极影响。所以,赛事举办方和参赛方都应当通过多种途径、多种方法吸引观众到比赛现场观赛,并为观众提供营造现场热烈气氛的条件。例如,中国足球甲 A(后称"超级")联赛初创时曾有过场场爆满的辉煌时期。当时虽然票价不菲、"黄牛"遍地，但仍一票难求。可是近年来由于各种原因，除广州恒大、北京国安等少数俱乐部以外，大部分俱乐部的主场球市下滑，有的俱乐部主场甚至一场比赛总共售出不满1000张门票，陷入"恶性循环"的怪圈。与此同时，2011年8月6日在北京国家体育场——"鸟巢"举办的"意大利超级杯足球赛"，尽管票价昂贵，最高票价达3999元，但仍出现一票难求的局面，与国内俱乐部足球比赛形成明显反差。虽然这样的情况已引起各方的高度关注，但扭转这一局面的举措却不多。

（二）观众是赛事服务的首要客体

既然观众是体育赛事的重要主体成员，因此他们理所当然应当享有优质的服务，而且缺乏为观众服务的理念、设施和措施的比赛则难以形成长期稳定的观众群体。赛事举办方首先要从办赛宗旨上转变单纯"为展示城市形象、为金牌办赛"的观念，而要真正确立"为观众办赛"的理念，并且从比赛地点和时间的选择、赛程编排以及其他具体措施等方面切实为观众提供全过程的优质服务。例如，世界杯足球赛赛程安排主要考虑到适应欧美国家观众观看比赛；奥运会各比赛项目的赛程安排同样也顾及方便更多国家的观众收看电视转播。2008年北京第29届奥运会、2010年广州第16届亚运会、2011年上海第14届国际泳联世界锦标赛、2011年的深圳世界大学生运动会等都已经从理念到具体措施上逐渐转变了办赛方式。在赛事现场活跃着大批志愿者队伍，从购票、进场、观赛、退场；从交通、泊车、餐饮、问询等方面，为观众提供全方位的服务，得到广大观众的好评。

（三）观众是推动该项目普及和提高的主要对象

体育竞赛客观上具有传播功能。竞技体育要对群众体育起到引导、示范作用，首先要通过比赛来实现。只有通过观看比赛，观众才能了解这个竞技项目并体会竞技项目的魅力，然后才有可能参与该项目的学习和锻炼活动。赛事举办方要充分利用竞赛的这一特征，通过加大赛事宣传力度，传播项目知识和信息，组织相应的体验性活动、安排著名运动员指导青少年等活动，积极推动该项目的普及和提高。例如，在上述列举的几项重大体育赛事的举办过程中，虽然也举办了"全民健身与奥运同行、与全运同行""市民对新建比赛场馆先行体验"等活动，但这些活动似乎追求的仅仅是"形象展示"，而不是追求对该项目推广的实质性效果。体育竞赛没有与该项目普及推广很好结合的主要原因在于：第一，对体育竞赛自身所具有的传播功能缺乏足够的认识，因而缺乏有效有力的措施，利用赛事因势利导地吸引更多的人群，特别是青少年参加该项目的学习和训练活动；第二，从体制上，负责操办赛事的和负责项目普及推广的不在同一个部门，在具体运作过程中缺乏部门之间必要的协同性。

（四）观众是竞赛市场的消费主体之一

大型国际体育赛事不仅拥有高等级的竞赛资源，还拥有丰富的经济资源和文化资源。在竞赛市场中供观众消费的服务产品首先就是门票及其衍生产品——赛事纪念品，其次也包括附带商品。如何根据不同观众的需要，开发可供观众消费的各类服务产品始终是一个实践探索的课题。赛事举办方要充分发掘上述各类资源的市场价值，促进竞赛市场的消费。

在我国举办的许多大型体育赛事中，虽然为观众观赛过程中的零星消费，如饮料、快餐、零食销售等方面提供了可能性，但是在主要的竞赛性产品及其衍生产品消费方面，离满足观众的消费需求之间尚存在较大差距。首先表现在门票价格及其相应提供的服务措施。在确定门票价格时，缺乏对该赛事的自身价值以及对不同人群的消费能力和需求进行评估研究；缺乏为购买不同价位门票的观众提供不同质量服务的理念；甚至仍然抱着计划经济体制下的陈旧观念，认为价格低廉就是"以人为本"，而没有树立分类满足不同观众对门票消费的需要，更没有树立拉动观众消费的理念。与国外举办大型体育赛事相比，我国对赛事文化资源，包括赛事纪念品、赛事衍生品等市场开发尚有很大潜力，有待于进一步开发。

第二节 体育竞赛活动中吸引观众的方法

一、积极为观众提供观赛服务

既然观众是体育赛事不可缺少的重要主体，那么赛事举办方应当为广大观众群体提供各项服务措施。

（一）准确及时提供官方赛事信息

对于任何体育赛事，赛事组委会都应从官方角度向广大观众发布赛事的各项信息，同时还应做到信息的准确性、及时性和广泛性。

赛事信息大致包括：赛程赛果信息、即刻赛事新闻、赛事人文信息和其他有关信息。官方的信息渠道包括该赛事的专用网站、专供各国记者使用的信息系统（例如2010年广州亚运会组委会称为"Infor2010"）和赛事组委会印发的书面资料，以及借助于各种媒体的传播。

值得注意的是，虽然关注体育赛事的观众获取赛事信息的渠道主要是电视、网络和平面媒体，但是在这方面不同年龄、职业、爱好的观众表现出不同的侧重。年轻的观众可能更多地借助于网络，而上了年纪的观众则仍然以阅读报刊获取赛事信息为主。电视媒体虽然有许多突出的优点，但是由于它具有时段性、时限性和瞬息性等特点，因此更完整、更深层的赛事信息仍主要依靠报刊，特别是体育报刊和体育版面来传播。

同样需要注意的是，在现代信息社会中，赛事观众群体的信息需求不仅更强烈，而且各不相同。观众希望获得各种信息，包括局部的和整体的、即刻的和深度的、沉重的和轻松的信息。从表面上看，目前的体育赛事信息传播结构似乎已经比较完整，但是在实际运行中，应当说尚不能完全满足观众对赛事信息的需要。

所以，在继续保持赛事信息的准确性、及时性和信息渠道畅通的同时，从进一步满足观众需要的角度，还需要加强赛事信息的传播。

1. 建立赛事官方信息到达观众的"直通车"

赛事组委会的官方赛事信息主要是通过媒体向广大观众发布的。所以一方面要继续通过新闻发布会或专门的信息服务，向媒体及时发布赛事信息；另一方面也要考虑到，媒体由于受到时间、版面等因素的限制，同时也由于不同的选择视角，除了极为重要的信息以外，有一些信息并不一定都能通过媒体及时传递，还有一些信息经过记者的加工出现一定的"走样"。由于缺乏官方的赛事信息，因此关注该赛事的人们有时候就难以判断这些信息准确与否。为此，赛事举办方应当进一步加强对赛事专用网站信息的及时维护（在北京奥运会期间，组委会专用网站的运作是十分成功的），同时设置一家或几家"特约媒体"，提供一定的版面或时段。通过这些"特约媒体"把官方赛事信息直接向观众传递。

2. 发布的有关赛程的信息要有助于观众对观赛场次的选择

如果是一项持续若干天的大型赛事的话，观众将会根据比赛进程、希望观赏的竞赛项目、崇拜的选手出场场次和自己的空闲时间可能性来选择其中某一场或某几场比赛前往现场观看。这就需要在现有完整发布比赛日常的基础上，尽可能提供有关运动队或运动员出场场次的准确信息或预测信息。

3. 建立健全赛事信息查询和问讯渠道

除了信息发布以外，还要尽可能满足观众对赛事信息的查询和问讯的需要。

1997年上海举办第八届全国运动会期间，就率先运用互联网技术和触摸屏技术建设了全运会信息查询系统，安放在各比赛场馆、新闻中心以及人群集中的商场等处，供广大观众、记者和市民查询使用；同时市民还可以通过声讯电话就有关问题进行问讯。

近年来，在我国举办的各项大型体育赛事都建立了面向广大观众的专用网站。例如，综合性运动会的网站包括：2008年北京奥运会；2005年在江苏南京举办的第10届全国运动会、2009年在山东济南举办的第11届全国运动会等；单项大型体育赛事网站包括上海劳力士网球大师赛、北京中国网球公开赛、北京国际马拉松赛、厦门国际马拉松赛、环青海湖国际自行车赛等。

这些网站在该赛事举办期间都很好地起到为观众提供信息服务的作用。但是该赛事结束后，这些网站往往就处于"休克"状态，不再继续发挥作用。从体育赛事长远发展的角度出发，我国应当建立一个类似"中国知网"的综合性"大型体育赛事数据库"。这样的数据库不仅可以为广大观众，还可以为教学研究工作提供必要的信息服务。

（二）合理确定门票价格和提供相应服务

观众观赛遇到的第一个问题就是门票。首先要说明的是，这里指的仅仅是有价门票，不包括无价门票（即所谓"赠券"）在内。

根据统计资料，在市场化运作的大型体育赛事中，观众门票收入约占赛事总收入的30%～70%，是举办赛事不可忽视的一笔重要收入来源。在社会主义市场经济条件下，比赛门票就是商品，因此它既要尊重商品的价值规律，也要根据不同层次观众群体的特点，提供满足他们需要的商品和服务。

目前我国在体育比赛门票销售实践中已积累了相当丰富的经验和有效的做法，但与此同时现有文献中关于体育比赛门票作为商品的研究却很少。在主要由政府出资，同时也征集一定企业赞助的赛事中，门票销售总收入并没有受到高度重视，因为基本上不存在办赛经费的困难。甚至存在着陈旧的观点，认为"全部实行低价位门票，让所有民众都有能力观看比赛，这才是'以人为本'的典型计划经济观点。"

当前国内大型体育赛事市场化运作过程中遇到的一个"棘手"问题就是"赠券"。在长期计划经济惯性的影响下，每一场比赛，包括门票价格高昂的商业性比赛，举办方都不得不安排相当数量的赠券，以应对某些行政部门提出的无偿提供门票的要求，使赛事举办方承受了很大的经费压力。

2002年上海首次举办网球大师杯赛时，从推行市场化运作的战略视角出发，在政府部门的大力支持下，明确了今后在上海举办的大型体育赛事只设有价门票，取消任何赠券，并明确了"谁请客，谁掏钱"的原则，从而为赛事的市场化运作提供了有利的环境。

由于不同层次的观众具有不同的消费观念、消费能力和消费习惯，因此即使某些群体产生了到现场观看比赛消费的动机，但要成为他们的实际消费行动，还需要看赛事举办方确定的商品（首先指赛事门票）价格是否合理，是否提供相应的服务，也就是是否"物有所值"。要是门票价格和相应的服务符合观众的预期、需要和实际可能性，那么购票观赛的观众人数就可能多，反之则不然。

因此，问题就集中在如何合理确定门票价格和配备相应的服务上。根据实践经验，确定门票价格和销售门票的原则是：在尽可能满足各类观众观赏需求的前提下，根据不同层次观众的消费可能性确定门票价格并提供相应水平服务，实现观赛人数和销售效益两个最大化。

在确定门票价格时，需要完成以下工作。

1. 分析该项赛事的价值

根据商品价格取决于其价值的原则，在确定该项赛事的门票价格之前，首先要分析赛事的价值。

对赛事价值产生影响的因素很多，主要包括该赛事的范围和等级、在世界范围的普及程度和影响力，举办国、举办城市的国际地位，该赛事在举办国、举办城市的受欢迎程度，参赛运动员的水平，尤其是举办国、举办城市是否拥有高水平的参赛运动员等因素。

一项自身价值很高的赛事，一般来说它的经济价值也同样高。即使不说奥运会、世界杯足球赛和F1赛车赛，就说2011年在北京"鸟巢"举办的意大利超级杯赛和西班牙皇家马德里队访问广州和天津的两场比赛，由于商业价值高，因此门票价格也同样高。由此可见，赛事的门票价格在一定程度上反映了该赛事本身的价值。

值得一提的是一些具有较高价值的赛事门票，例如上海职业网球联合会网球世界大师巡回赛1000的门票，经常被企业作为礼品用于公关活动中。其原因就在于赛事价值高，门票价格高，因此被作为礼品赠送。

所以，在确定门票价格时，首先要分析该赛事本身的价值，力求做到两者之间的有机统一。

2. 分析该项赛事主要观众群体及其特点

在确定该项赛事门票价格时，同样要细致分析可能的观众群体及其特点，尽量做到既满足不同层次观众的观赏需要，又符合他们的实际能力消费水平，特别是必须要确保学生观众群体的观赛。

从上海职业网球联合会网球世界大师赛1000的观众群体来看，大致包括四种类型：第一类是"富人阶层"，他们希望购买的是体现他们身价的门票，借助于观赛与企业家们更多交往。第二类是"白领阶层"，他们把观看高水平赛事作为休闲娱乐消费活动。这部分群体出现的原因：一是随着我国社会经济的快速发展，人民生活水平的不断提高，产生了休闲娱乐的需求；二是随着我国开始举办国际高等级的体育赛事，产生了观看高水平赛事的精神需求。第三类是对该赛事项目十分喜爱，但消费能力不强的群体。第四类是学生观众群体。

从以上列举的可以看到，不同的观众类型，观赛需要不同，消费能力也不同，所以在确定门票的不同价位时应当充分顾及各类观众的不同需求。

3. 确定门票价格

有关如何确定门票价格的研究成果虽然不多，但在实践中却积累了丰富的经验。根据实践经验的总结，对门票价格的分类管理，已经从以往单纯依据排次前后和座位优劣，逐步转变为排次前后、座位优劣与服务高低相结合的视角。排次靠前、座位优质、享受高水平服务的观赛门票价格较高，随着排次、座位和服务档次的下降，票价也随之较低。

具体确定票价的操作原则可以归纳为："顶天立地，拉开档次。"所谓"顶天"是指最高门票价格要符合高收入阶层观众可接受的最大消费可能性；"立地"是指最低门票价格要符合低收入和学生观众的实际消费能力。换句话说，"顶天"是体现赛事价值，抓好经济效益；而"立地"则是体现"以人为本"，激发观众观看兴趣。例如，2001年NBA总部曾决定在上海安排一场球队的表演赛。门票的推广工作已经启动，但由于"9·11"事件的发生而被迫中止。当时确定的门票价格共五档：1 000元、680元、580元、480元、380元（学生票）。在门票实际推广中，1 000元票几乎全部卖完，而其他价位门票销售情况不佳。

在事后总结时有专家提出了两个问题：第一，最高价位1 000元似乎定得太低，未达到购买这一价位门票群体的最大消费可能性。也就是说，假定把该价位提升到2 000元，也许主要买家仍然是这部分群体；第二，最低价位380元学生票定得太高，估计大部分家长都不会支持自己的孩子到现场购票观赛，而建议他们在家看电视，因为在我国观看电视转播是免费的。

NBA总部接受了专家提出的意见和建议。当2004年NBA重新转战北京和上海时，最高价位的门票被确定为2 880元，而最低价位的门票则为100元。运作的结果是经济效益和社会效益都大获其胜。

所谓"拉开档次"是指门票的价格档次要拓宽，使得各类票价具有明显区别，一方面为不同价位的门票配备相应的服务措施建立前提；另一方面要便于观众根据自身的实际需要进行选择。

（1）考虑不足的门票价格方案

受长期计划经济观念的影响，多年来上海曾在许多项目比赛中延续使用同一个票价方案，几乎成为一个定式：50元、30元、20元。

1999年上海承办奥运会亚洲地区男排预选赛，参赛队伍为日本、韩国、中国。由于事关中国男排能否入选奥运会，因此国家体育总局高度重视这项赛事，要求体现出主场优势。该比赛安排在上海华东师范高校体育馆举行，由市体育局下属体育竞赛管理中心负责运作。按照当时的理解，排球比赛，即使是男排比赛的观众也不会很多，所以对门票销售不抱很大希望。经过认真研究，采用了以下门票方案：第一，由于估计日本、韩国会有一部分观众专程前来上海观看这场比赛，为自己的队伍加油助威，因此整个前排座位门票都对外销售，而且价格要有所突破；第二，由于要为中国男排加油助威，因此专门组织大学生观众和啦啦队占据整个后排座位，一律不对外销售门票。对于门票价格，经研究，定为10~20美元，即人民币80~160元。体育竞赛管理中心为谨慎起见，取了上述价格的最低值——80元。应当说，这一价格对于当时的排球比赛来说，已属不低的价格。可是当门票一开始销售,却出现了意想不到的火爆,不仅日本、韩国观众通过旅行社购买了大量门票,而且上海球迷也积极参与其中。

事后总结认为,这场比赛虽然只是局部性销售门票,但门票销售总额远高于原来的按 50 元、30 元、20 元价格方案的全额总和,可以说经济效益较好,但是由于对市场估计不足,因此价格似乎定低了。换句话说,要是把门票价格提高至 160 元,也许丝毫不会影响来自境外的购买门票群体;其次这场比赛取得了较好的社会效益,比赛现场大学生们为中国男排喝彩助威,不仅是近年来排球比赛中少有的场面,而且还使大学生们接受了一次现实的爱国主义教育,对排球运动有了更深刻的认识。

(2) 花样滑水表演门票

上海有一家游艇俱乐部曾在上海浦东世纪公园举办过一场美国花样滑水表演。由于缺乏经验,举办方制订的是一个不十分成功的票价方案:100 元、80 元、60 元。由于门票销售情况不佳,举办方接连举行新闻发布会,以期引起公众的关注,但效果并不明显。在这一票价方案中,由于最高价位门票的绝对值并不高,最低价位门票的绝对值不低,而且不同价位票价之间的间距比较小,因此多数情况下导致的结果是:无论消费能力较强、还是消费能力不强的观众都争相购买最高价位门票,而中间价位和最低价位的门票则无人问津。

2001 年上海成功申办 2002 年网球大师杯赛,这是我国首次步入举办世界最高水平男子网球赛事的领域。通过举办 2002 年上海网球大师杯赛,使上海学习了举办大型国际网球赛事的许多经验,其中之一就是在比赛场馆观众席中的较好区域设置包厢座。

包厢内不仅有数量不等、优于普通的座位,而且包厢外墙可以由购买者自主决定安放企业品牌等。尽管包厢座的价格比较昂贵,但满足了企业招待客户,扩大对外联系的需求。包厢名称各异,可以称为"钻石包厢""铂金包厢""黄金包厢"等。包厢内座位数量不等,有 4 座、6 座、8 座不等。一般来说,包厢座的价格比较昂贵。

4. 对各类票价提供相应的配套服务

对购买不同票价的观众提供相应的配套服务是大型体育赛事市场化运作中为观众服务的一种形式。如,对于所有的观众,包括学生观众都提供一定的比赛资料、赛事纪念品和现场喝彩用具等。但是对于购买不同票价的观众所获得的待遇则有所不同。例如,对于购买包厢座的观众,还应赠送高质量的赛事纪念品,提供饮料,甚至餐饮等。

为购买不同票价的观众提供不同层次的服务,是市场经济下商品交换的规律性所决定的,旨在使各类观众都能因自身价值得到体现而获得心理满足,同时对该赛事留下深刻印象。例如,2001 年上海曾承办了七人制橄榄球世界系列赛。

该项目的赛制比较特殊，每一场比赛时间都很短（两个半场各 7 分钟，中间休息 1 分钟），共有 16 支队伍参赛，每支参赛队伍一天要打若干场比赛，整个系列赛在 3 天内打完，每天的比赛时间要持续 10 个小时以上。这样一来，喜爱橄榄球的观众们每天同样要在赛场待 10 多个小时。这样的赛制使得橄榄球观众多年来形成了特殊的传统习惯：观赛过程中要喝啤酒、比赛间歇要跳一跳"迪斯科舞"，以便消除长时间保持坐姿所引起的疲劳。

这是我们以往举办体育赛事中从未遇到过的新问题，因为观赛中喝啤酒与我国公安部对比赛观众的有关规定相抵触。经过与市公安局协商，采取了以下解决办法：专门辟出六个正面看台作为贵宾区（VIP）；在贵宾区内观赛时可以饮用啤酒，并设专柜供应啤酒；在比赛间歇时播放迪斯科音乐，供观众们跳舞放松；为贵宾区的观众设置专门的餐饮区，免费供应自助餐和饮料，并不限用餐次数。

由于是第一次承办这样的赛事，因此投入了更多的管理力量。但是按照我国行政部门的思维陈式，整个比赛过程中观众席上非但未发生原来所担心的事情，相反，外籍观众们喝完一罐啤酒后有序地把空罐放回纸盒，然后再取另一罐，并在比赛结束时主动把放满空罐的整个纸盒丢入废物箱的行为习惯，给我国观众树立了良好文明观赛榜样。

（三）为观众提供的其他服务

为了方便观众到现场观赛，其他服务措施主要包括购票、交通、餐饮、如厕、安全、急救和问询以及为老年观众、残障观众提供特殊服务等。这些服务措施已成为我国大型体育赛事组织工作不可缺少的一部分。

近十多年来出现的，尤其从北京奥运会开始，规模庞大的志愿者队伍活跃在赛场内外的各个角落，不仅为广大观众提供服务、解决困难、解答疑问，而且志愿者本身也成为现代大型体育赛事的一道靓丽的风景线，被亲切地称为"小白菜"。除此之外，为了逐步扩大体育比赛观众群体，还要针对观众的实际需要提供相应的服务。

二、合理扩大体育比赛观众群体

扩大体育比赛观众群体的主要任务：一是逐步形成相对稳定的观众队伍；二是努力开发新的观众资源。

扩大体育比赛观众群体的主要措施：首先是增强比赛的可观赏性；其次是根据不同观众的需要，为他们提供相应的优质服务。

目前我国各大城市举办的各类大型体育赛事主要可以分为三类：第一类是国内职业联赛主场赛事，如中国足球超级联赛、中国职业篮球联赛等；第二类是每年固定举办的赛事,如上海职业网球联合会网球大师巡回赛1000、F1赛车上海大奖赛、北京国际马拉松赛、环青海湖国际自行车赛等;第三类是一次性举办的赛事,如2008年北京第29届奥运会、2009年山东济南第11届全运会、2010年广州第16届亚运会、2011年上海国际泳联第14届世界锦标赛、2011年深圳第26届世界大学生运动会等。

结合上述赛事类别,扩大体育比赛观众群体的具体任务是:职业联赛和职业俱乐部要形成"忠诚"于自身的观众队伍、固定举办的赛事要形成相对稳定的观众群体、一次性赛事则要力争吸引更多的观众群体。

(一)职业联赛——培育忠实观众群

在职业俱乐部周围形成一个归属于自身的忠实观众群体是许多欧美职业俱乐部的成功经验之一。他们既是俱乐部不可缺少的组成成员,也是俱乐部的财富。

实践经验表明,俱乐部与这一观众群体之间的联系是通过忠诚度来维系的。

从人的心理视角来看,俱乐部与支持自己的球迷之间的忠诚度是相互的。对于球迷来说,忠诚度首先来自对该竞技项目的喜爱、对该俱乐部或某个(若干个)明星运动员的崇拜以及由此萌生地对该俱乐部的归属感。这样的忠诚度不仅体现在比赛现场为自己的俱乐部喝彩加油,还体现在当自己的俱乐部成绩不佳或遇到一定困难的时候仍"忠贞不贰"上。对于俱乐部来说,忠诚度首先基于对球迷是职业竞技体育不可缺少组成部分的基本认识和责任感;这样的忠诚度体现在俱乐部对这部分"铁杆观众"的认可、关照和回报,也体现在俱乐部运动员在激烈的竞争中对胜利的渴望、顽强的奋斗精神和良好的职业道德素养上。

基本观众的忠诚度,除了来自同俱乐部之间的天然联系,如运动员的家属、亲朋好友、俱乐部所在城市的"铁杆球迷"以外,是在一定条件下逐渐培育起来的,取决于喜爱、传统和义气。一般来说,它不取决于经济利益。在这里所谓"没有永恒的友谊,只有永恒的利益"的语言是无助的,因为这只能对培育忠诚度起消极作用。培育这样的忠诚度取决于许多原因,但是俱乐部本身对建立和培育忠诚观众队伍的认识、态度和做法具有决定性作用。

1. 俱乐部所有成员要对本俱乐部表现出高度忠诚的态度

俱乐部所有成员,包括运动员、教练员和管理人员首先要对本俱乐部表现出高度忠诚的态度,这是建立忠诚的观众群体的首要前提。俱乐部所有成员的忠诚信念和行为是俱乐部队内部,乃至俱乐部周围的观众群体产生凝聚力、团结一致、统一意志、统一行动的重要来源之一。所有成员都应当始终兢兢业业地为本俱乐部、为广大球迷做出表率,发挥自己最大的智慧、尽最大的努力去争取比赛胜利。要是俱乐部成员对俱乐部本身都无法做到基本的忠诚,那么观众同样不可能对俱乐部表现出忠诚态度。

2. 俱乐部运动员（运动队）在赛场上应当发扬积极进取的职业精神

这是建立忠诚观众群体的基本前提。一支职业俱乐部应当具有勇猛顽强、积极进取、永不言败的职业体育精神；应当不断地增强自己的意志力、战斗力和竞争力；每一名选手应当具有自己鲜明独特的技、战术风格。如果运动员在比赛中所表现的精湛技术、默契配合、灵活战术和顽强精神给观众留下十分深刻印象，观众就会更加喜爱这支俱乐部，他们主动加入该俱乐部观众团队的愿望就会更加强烈。如果一支俱乐部的组成成员经常处于不稳定状态且比赛技术不精、精神涣散的话，那么在这样的队伍周围也就不可能有稳定的观众群体。

3. 俱乐部所有成员要努力塑造和保持良好的公众形象

一支俱乐部的成员，尤其是著名运动员和教练员，作为公众人物，有义务自觉保持行为端正、举止文明、作风良好，这是建立忠诚观众群体的道德前提。只有这样的俱乐部才有可能得到广大观众的爱戴和支持。职业运动员作为社会的高收入群体，有责任在关爱弱势群体、残障人群和在关心青少年下一代健康成长等方面对社会做出更多贡献，从而更有利于塑造良好的公众形象。

4. 俱乐部要建立起与观众保持良好关系的传统

这是建立忠诚观众群体的公关前提。为此，俱乐部应当拥有专门针对观众的"公共关系"部门，具有发展忠诚观众的战略规划、工作计划、具体步骤；通过公共关系传播和优质服务，与观众保持经常的联系，最终形成稳定的观众群体。

据资料报道，美国NBA、MLB（棒球大联盟）、NFL（美式橄榄球联盟）的各家俱乐部都专门设有"公共关系部"，工作人员平均达30人；其工作职责之一就是与观众保持和建立良好关系，满足他们的需要，并为他们提供服务。与他们相比，我国的足球和篮球职业俱乐部不仅缺乏针对观众的公关理念，同时也缺乏吸引观众的具体措施。

为了建立与观众良好关系，俱乐部要定期组织观众和青少年爱好者的体验性活动，并安排本俱乐部的选手，尤其是观众喜爱的著名选手出席，与他们一起活动、交流，与他们建立良好的联系。

（二）固定赛事——提升赛事吸引力并稳定观众群体

对于目前一些大中城市每年固定举办的大型体育赛事，发展相对稳定的观众群体同样是重要的课题和任务之一。

围绕这类赛事形成的相对稳定的观众群体的特点是：他们对该赛事项目十分了解，具有浓厚的兴趣爱好，经常参加该项目的锻炼活动，并且十分崇拜该项目中的某些著名选手，由此产生在该赛事举办期间到现场或者通过电视或网络观看比赛的动机和需要，观看比赛时虽不能说有明确的"观赛立场"，但表现出一定的倾向性。正如张发强指出的："可以肯定地说，经常参与体育锻炼的人与经常观看体育比赛的人有很大的重合，两者之间存在良性循环的关系：比如中国的乒乓球，美国的棒球、篮球，英国的足球等，基本上在高水平专业训练和业余爱好者之间形成了这样一种关系。美国有学者研究，美国的高尔夫、篮球两个项目的观众和参与该项目的人群重合比例分别达 84% 和 81%。"

为了发展和扩大这样的稳定观众群体，重要的是让他们更多地了解该赛事的知识和信息，为他们创造更多的可参与活动的机会，从而进一步增强他们对该竞技项目的兴趣，提高赛事对他们的吸引力，同时为他们做好"赛后服务"工作。

1. 提供"观众参与"的机会是发展和扩大稳定观众群体的重要途径

观众参与具有许多方式。第一，亲身参与比赛，与著名选手同场竞技，如马拉松长跑。不少城市的马拉松跑有上万人，甚至几万人参加，其原因就在于有一部分观众转变为"参赛运动员"，而他们又带动了一大批观看他们比赛的观众。虽然其他竞赛项目难以做到与著名选手"同场竞技"，但是也应该通过组织与赛事同时或异时举行的该项目的"观众大奖赛"的方式，为观众提供参与的机会。第二，在赛场外组织由观众，尤其是青少年观众参加的该项目的趣味性体验活动。第三，赛后组织观众联谊活动，并邀请当地著名选手参加，对本次赛事举办工作征求观众的意见和建议等。通过"观众参与"，能够提高他们对该项目活动的兴趣，从而主动成为该项赛事稳定观众中的一员。

2. 为观众提供"近距离"接触著名选手的机会

在比赛场地，能与自己崇拜的著名选手"近距离"接触是爱好该项目的观众愿望。赛事举办方可以通过举办参赛选手的"市民见面会"，或者利用选手到赛场、上场或退场等环节，为观众创造与参赛选手近距离接触以及签名的机会；甚至可以邀请部分观众，尤其是"忠实"观众出席赛后对选手的采访活动等。例如，在 2000 年以前职业网球年度总决赛曾连续几年在德国汉诺威举办，比赛场地采用在国际博览中心中搭建的方式解决。为了让选手能与观众近距离接触，特意把选手出场通道设置在观众席中。

3. 为"忠实"观众做好"赛后"服务工作

对于连续几年都出席观看该赛事的"忠实"观众做好"赛后"服务工作是发展和扩大稳定观众群体的重要措施之一。首先要与他们建立畅通的信息渠道，以便保持经常性联系；其次要征求他们对该赛事举办的意见和建议；最后要尽可能为他们提供优惠服务措施。

4. 积极扶持本国本地运动员提高技术水平

值得注意的是，在高水平的国际体育赛事中，如果总是由国外运动员占据舞台，而中国运动员较少领先的话，那么值得担忧的是这一赛事的热度究竟能保持多久、观看这一赛事的稳定观众群体能否继续保持和逐步扩大。

例如，在北京举办的中国网球公开赛（ATP 世界巡回赛 500）和在上海举办的 ATP 世界大师巡回赛 1000 中，几乎全是国外选手。中国男选手持"外卡"参赛，在预赛中即遭淘汰，难以进入正选赛。在女子网球方面李娜的成功不仅标志着中国女子网球运动水平已步入世界先进水平，同时对本来不十分热门的女子赛场是一个极大地促进和推动。又如，环青海湖国际自行车赛已举办 10 年，但西宁市和周边城市的市民仍对该赛事项目保持着较高的热情。青海省体育局十分清醒地认识到，要是当地没有一支高水平的自行车队的话，想长久维持这样的热度是有难度的，因此他们在几年前就着手组建由本省运动员为主的自行车队——"天佑德"自行车队。尽管这支队伍水平暂时还不高，但是坚持几年，想必会有好的结果。所以，赛事举办方要积极支持培养该项目优秀的和具有潜在优势的选手。

（三）一次性赛事——发掘赛事亮点吸引观众群体

对于在大中城市中举办的一次性赛事来说，吸引更多观众到现场观赛不仅是重要的，而且有时候也是难以预测的问题之一。观看一次性赛事的观众具有以下特点：有一些观众对该竞技项目比较喜爱和了解，甚至经常参加该项目的锻炼活动；另一些观众希望观赏某些著名选手出场表演；还有一些观众则是冲着体育比赛中未见过的"新"东西而来。

1. 准确选择赛事举办地

一项体育赛事可能在某一个国家、某一个地区、某一座城市受到欢迎，甚至极大欢迎，但在其他国家、其他地区、其他城市可能并不十分受到欢迎。

例如，美式足球（NFL，亦称"美式橄榄球"）在北美大陆不仅职业化程度高、水平高、普及程度高，而且拥有广泛的观众群，甚至在数量上超过篮球。但是美式足球在其他各大洲的接受程度不高，虽然近年来试图在世界范围进行推广，但成效不大。

在我国各省市也存在同样的情况。如摔跤、柔道、举重等项目的比赛在不同城市的受欢迎程度各不相同。即使足球运动那样普及程度很高、可观赏性很强的项目的比赛也同样存在同样的情况。例如，据中国足协的统计数据：2011 年赛季中国足球协会超级联赛前 16 轮比赛场均上座观众人数仅为 1.77 万人，除广州恒大达到 4.56 万人、北京国安 4.05 万人、陕西人和 3.34 万人以外，其他 13 家俱乐部的场均观众人数仅为 1.26 万人。

与此同时，2011 年虽然没有世界杯和欧洲锦标赛，但是这个夏天中国球迷过得十分忙碌。7 月 11 日英国利物浦队抵达广州对阵中甲的广东日之泉队，7 月 15 日英国阿森纳队现身杭州，在浙江义乌对阵杭州绿城队；更引人关注的是西班牙皇家马德里队 8 月 3 日在广州与恒大俱乐部、8 月 6 日在天津与泰达俱乐部进行两场比赛；与此同时，意大利超级杯赛——AC 米兰对国际米兰的德比大战也在 8 月 6 日移师北京"鸟巢"国家体育场举行。虽然前两场比赛的观众人数已经不算少，但后三场比赛，尤其是在"鸟巢"的比赛则出现了一票难求的盛况，观众人数达到创纪录的水平，可容纳8万多名观众的"鸟巢"几乎被"塞满"，观众忘情地呼喊着偶像们的名字。虽然票价昂贵，"鸟巢"举行的意大利超级杯赛票价从199~3 999元不等，包厢票则达到14 000元，但是这丝毫阻挡不了观众们的巨大热情。值得注意的是，为了取得良好的经济效益和社会效益，这三场商业性赛事被选择在北京、广州和天津这三座城市举行，而没有选择上海，实践证明是正确的。

1999年上海曾在国内首开先河，举办了英国曼联俱乐部和德国拜仁慕尼黑俱乐部的商业性访沪比赛，取得了相当好的效益。但是近年来，即使是十分著名的商业性足球赛事在上海的市场明显出现萎缩。可能有三方面的原因，第一，上海大型国际体育赛事的布局已基本完成，每年除固定举办的赛事以外，还举行一次性比赛。例如，2011年7月下半月正举办国际泳联第14届世界锦标赛，从时间上没有可能再举办大型商业性的足球赛事；第二，近年来上海申花足球俱乐部和其他几支中甲球队的运行不畅、成绩不佳，不少观众减弱了观看足球比赛的兴趣，而转向观看其他项目的比赛；第三，消费理念也许是最主要原因，上海历来不主张以200万欧元一场的天价出场费（当年曼联队的出场费仅为25万美元）引进一场带有许多不确定、不可控因素的商业性表演赛，从而为国外球队提供在上海市场上"圈钱"机会的做法。而且最终这一笔高额负担又被转嫁到广大球迷观众的身上。

大致由于以上原因，造成某些欧洲足球俱乐部尽管非常希望，但最终不得不放弃把自己的访华比赛安排在上海举行的想法。但是，2012年英国曼联俱乐部为了进一步拓展上海的足球市场，指定要到上海再与申花俱乐部打一场比赛，上海观众热情地接待了久违的曼联俱乐部的再次访沪，市场运作也取得成功。由此说明，上海并不缺乏足球球迷，缺的是高水平的足球比赛。所以，为了避免赛事推广过程出现事倍功半的情况，赛事举办方首先需要解决的问题是选择合适地举办城市。

2. 着力发掘赛事的"闪光点"

对于大多数潜在观众来说，首先缺乏的就是关于一次性赛事的信息。而作为赛事举办方，仅提供关于赛事的一般信息是不够的，重要的是充分发掘赛事的"闪光点"，并且通过媒体进行广泛的传播，让更多的潜在观众知晓，使他们对该赛事感兴趣，产生前往赛场观赏的愿望。所谓赛事的"闪光点"可以体现在参赛的著名运动员（运动队）、教练员上，可以体现在赛制、赛程和赛事的组织上，也可以体现在专门为观众组织的各种体验性活动上，还可以体现在比赛场馆上。

总而言之，观众是现代体育赛事不可或缺的主体成员，没有受到观众关注的比赛是缺乏生命力，终将要遭到淘汰的比赛。所以，职业俱乐部、各类赛事的举办方都应当把吸引更多的观众观看比赛和形成稳定的观众群体作为公共关系工作的重要组成部分，从而保持赛事旺盛的活力。

参考文献

[1] 吴江. 体育教学与文化融合［M］. 北京：冶金工业出版社，2015.
[2] 蔺新茂，毛振明. 体育教学内容论［M］. 北京：北京体育大学出版社，2014.
[3] 汪康乐. 体育教学方法学［M］. 北京：北京体育大学出版社，2014.
[4] 宋海圣，赵庆彬，冯海涛. 体育教学改革创新与发展研究［M］. 北京：中国水利水电出版社，2015.
[5] 谭黔. 体育教学心理研究［M］. 北京：北京师范大学出版社，2011.
[6] 李艳翎，郭恒涛. 体育竞赛的组织与管理［M］. 长沙：湖南师范大学出版社，2013.
[7] 孙建华，张志成. 学校体育竞赛组织管理与编排［M］. 北京：光明日报出版社，2010.
[8] 韩秋，朱峰. 大型体育竞赛组织与管理［M］. 北京：中国时代经济出版社，2014.
[9] 张朝霖，黄亚彬，曾华. 体育竞赛理论探究与实践解析［M］. 北京：现代教育出版社，2014.